완벽한 커피 한 잔

HOW TO MAKE COFFEE: The Science Behind the Bean
by Lani Kingston
Copyright ⓒ Quarto Publishing plc 2015

This translation of <How to Make Coffee> originally published
in English in 2015 Ivy, an Imprint of The Quarto Group.
All rights reserved.
This Korean edition was published by Prunsoop Publishing
Co. in 2017 by arrangement with THE IVY PRESS LIMITED
through KCC(Korea Copyright Center Inc.), Seoul.

이 책은 (주)한국저작권센터(KCC)를 통한 저작권자와의 독점계약으로
(주) 도서출판 푸른숲에서 출간되었습니다. 저작권법에 의해 한국
내에서 보호를 받는 저작물이므로 무단전재와 복제를 금합니다.

완벽한 커피 한 잔
원두의 과학

HOW TO MAKE
COFFEE

THE SCIENCE BEHIND THE BEAN

래니 킹스턴 지음
신소희 옮김

일러두기
본문 중의 주석은 옮긴이주입니다.

목차

머리말 6

1장
원두 8

2장
화학 작용 38

3장
로스팅과 분쇄 66

4장
추출과 균형 94

5장
커피와 테크놀로지 116

6장
다양한 기구로 커피 만들기 144

맺음말 182
참고 문헌 183
참고 웹사이트 185
찾아보기 186
감사의 말 & 도판 저작권 190

머리말

《완벽한 커피 한 잔》은 요리책이 아니다. 원두를 선별하여 소개하는 책도, 라이프스타일 가이드도 아니다. 커피 한 잔을 만드는 데 숨어 있는 과학 원리에 대한 설명과, 중요한 커피 만들기 방식들을 수행하는 명확한 단계별 지시사항은 물론 각각의 방식에 제일 잘 맞는 원두와 로스팅과 분쇄 기법을 담아낸 책이다.

커피는 르네상스 시대 무렵부터 유럽 전역에 침투했다. 커피의 원산지는 아프리카로, 어느 근사한 전설에 따르면 염소가 커피를 발견했다고 한다. 아니면 적어도 염소들이 특정 식물의 열매를 따먹고 나타낸 증상을 예리하게 관찰한 어느 염소지기가 발견했던 모양이다. 커피는 르네상스 시대에 매우 잘 어울리는 상품처럼 보인다. 예술과 과학, 발견과 인간적 호기심의 블렌딩을 통해 탄생한 이 음료는 혁신, 발명, 창조, 새로운 시대로의 패러다임 전환을 거칠 만반의 준비가 되어 있던 르네상스인의 두뇌에 딱 필요한 각성제가 아니었을까. 카페인이 두뇌에 미치는 영향을 고려해볼 때, 어쩌면 커피는 그 자체로 르네상스의 동력 중 하나였을지도 모른다…….

물론 그렇진 않았을 것이다. 하지만 커피가 인간의 신체와 두뇌에 스며들고 전 세계 최고의 인기 음료가 될 수 있었던 이유는 누가 뭐래도 커피의 화학 작용 때문이 분명하다. 커피의 유효성분인 카페인의 분자구조는 인간 신체 내에서 신경계의 일부를 조종하는 화합물의 분자구조와 매우 유사하다. 아데노신이라는 이 화합물은 신경의 활동을 둔화시키는데, 카페인은 아데노신이 수용체와 결합하는 것을 차단하여 우리를 효과적으로 '각성'시킨다.

커피는 카페인을 인간 신체가 안전하게 활용할 수 있는 형태로 변화시킨 결과물이다. 경작, 수확, 가공, 로스팅, 분쇄, 블렌딩, 원두에 물을 섞고 가열하고 추출하고 여과하며 이 과정을 정교하게 만들 기계를 발명하는 것에는 모두 과학이 적용된다. 커피의 과학, 다시 말해 식물학적·지리학적·화학적·물리학적·기술적 측면의 이해는 완벽한 커피 한 잔을 끓이는 데 있어 블렌딩과 균형을 잡는 기술만큼이나 도움이 된다. 예를 들어 왜 커피를 끓일 때 물을 특정한 온도에 맞춰야 하는지, 커피 입자의 크기가 추출에 어떤 영향을 미치는지, 커피 고형물과 물의 이상적인 비율이 얼마인지, 커피에 함유된 각각의 화합물이 물에 용해되는 속도가 어떻게 다른지, 추출이 진행되는 시간이 어느 정도인지 이해한다면 커피를 어떤 방식으로 만들든 그 뒤에 숨어 있는 공통적 원리를 이해한 셈이다. 그렇게 되면 당신과 손님들은 이제 절대로 지나치게 끓여서 껄끄럽고 쓴 커피나 물처럼 연한 커피 때문에 괴로워할 일이 없다.

1장
원두

원두 생산지대

커피는 석유를 제외하면 세계적으로 가장 높은 가치로 거래되는 천연자원 중 하나이며, 전 세계에서 생산되고 소비된다. 이 귀중한 열매는 동아프리카의 황무지에서 처음 나타난 것으로 알려져 있지만, 서구의 세계 탐사와 정복 과정에서 여러 다른 문화권으로 유입되었다. 오늘날 커피는 소위 '원두 생산지대 the bean belt'로 알려진 지역권의 70여 개 국가에서 경작되고 있다.

커피 문화의 시작

인간이 커피를 섭취하기 시작한 기원은 아직도 정확히 알려지지 않았지만, 아마도 커피가 처음 발견된 장소는 에티오피아였을 것이다. 서기 1000년 이전의 어느 시점에 에티오피아의 부족들은 커피 씨앗 혹은 원두가 들어 있는 열매를 갈아 동물 기름과 섞어서 사냥길이나 장기 여행 중에 연명하기 위한 일종의 에너지 바를 만들기 시작한 것으로 보인다. 일부 유목민족들은 심지어 오늘날까지도 그런 바를 만들어 먹고 있다.

    유명한 전설에 따르면, 인류가 우연히 커피를 발견하게 된 경위는 에티오피아의 어느 젊은 염소지기가 염소들이 이상한 식물을 씹어 먹은 뒤 지칠 줄 모르고 날뛰는 현상을 발견하면서였다. 그 청년은 직접 식물을 씹어본 뒤 기운이 솟아나는 걸 느끼고 이 마법의 식물을 채취하여 마을로 가져갔다고 한다. 이 식물에 대한 소문은 널리 퍼져나갔고, 그 이후의 역사는 우리가 아는 바와 같다.

    인류 문명사에서 지금껏 발견된 가장 오랜 커피 경작의 흔적은 15세기 예멘으로 거슬러 올라간다. 커피를 발견한 경위가 확실치 않듯이, 커피가 어떻게 아라비아 반도까지 전해졌는지도 대체로 추측의 영역으로 남아 있다. 어떤 일화에서는 수단의 노예들이 에티오피아에서 아라비아

17세기 독일 커피하우스의 광경을 묘사한 판화.

까지의 여정을 견뎌내기 위해 커피 열매를 씹었다고 한다. 또 다른 일화에서는 무슬림 학자들이 에티오피아 여행길에 커피의 각성 효과를 인식하고 아라비아 반도로 돌아오면서 커피를 들여왔다고도 한다. 한편 어떤 일화에 따르면 커피의 전파는 단순히 아프리카와 아랍 간의 부단한 무역에 따른 자연스러운 결과였다고 한다.

정확한 전파 과정이 어떠했든, 15세기에 이르자 수피교 수도승들은 커피를 야간 기도 시간에 깨어 있기 위해 음용하곤 했다. 오래지 않아 커피는 다른 부류의 사람들에게도 인기를 끌었고, 특히 종교적 이유로 알코올 음료를 마실 수 없는 무슬림들에게 사랑받았다. 아랍 문화권 전역에 '카베 카네', 즉 커피하우스들이 속속 생겨나서 각 지역의 사교와 교육과 오락 전반에서 구심점 역할을 하게 되었다.

커피는 '아랍 와인' 혹은 '아라비아의 술'로 알려졌으며, 매년 메카를 찾아오는 수천 명의 순례자들은 고향에 돌아가서 이 쓰고 검고 자극적인 음료에 대한 이야기를 전하곤 했다. 베네치아 무역상들이 유럽에 최초로 커피를 들여온 것은 1615년으로, 아마도 원두를 중동에서 베네치아로 가져왔던 듯하다. 커피는 이 도시에서 곧 인기 있는 음료가 되었다. 1650년대 베네치아 거리에서는 레모네이드 행상인들이 알코올과 초콜릿 음료와 함께 커피를 팔았으며, 유럽 최초의 커피하우스는 1600년대 중반에 문을 열었다. 커피는 숙취와 통풍, 천연두, 구역질을 비롯해 온갖 질환을 치료해주는 의학적 효과가 있다고 여겨졌다.

커피는 어떻게 세계에 전파되었나

커피 음용 습관은 중동 전역에서 나아가 서쪽으로는 유럽, 동쪽으로는 페르시아와 인도(16세기~17세기 초) 그리고 신대륙까지 전파되었다. 아랍인들은 커피 경작 방법을 철저히 비밀로 하여 커피 무역에서 독점을 유지하려 했고, 원두를 수출하기 전에 끓이거나 살짝 볶아서 땅에 심어 키울 수 없는 상태로 만들었다. 아랍인들의 이런 노력에도 불구하고, 17세기에 이르자 커피 경작은 중동 지역을 넘어 퍼져나가기 시작했다. 주된 이유는 당대의 국제 해상무역을 지배하던 네덜란드인들 때문이었다.

17세기 초에는 예멘에서 밀수한 커피 모종을 유럽에 심어 키우려는 시도가 있었지만 번번이 실패했다. 하지만 17세기 중반에 실론 섬(현재

> **터키의 커피에 대한 법**
>
> 커피는 15세기 말 터키로 들어와 엄청나게 인기 있는 음료가 되었다. 커피가 얼마나 사랑받았던지, 당대의 터키 법에는 남편이 아내에게 매일 일정량의 커피를 주지 않으면 아내가 이혼 청구를 할 수 있다고 명시되었을 정도다.

의 스리랑카) 일부를 포르투갈로부터 빼앗은 네덜란드인들은 그곳에서 아랍 상인에게 구한 커피 모종을 심은 작은 농장을 발견했으며, 점차 인도의 말라바르 해안에 있는 식민지에도 커피 농장을 세우기 시작했다. 1690년대 후반에는 커피 모종을 바타비아(현재의 자바) 식민지로 가져가 심었는데, 이후 이곳은 네덜란드의 주요 커피 생산지역이 되었다. 1706년에는 바타비아에서 생산한 커피 원두가 암스테르담 식물원으로 돌아가 그곳의 온실에서 성공적으로 재배되기에 이르렀다.

1713년 프랑스 식물학자 앙투안 드 쥐시외는 커피나무에 처음으로 코페아 아라비카Coffea arabica라는 라틴어 식물학명을 붙였다. 오늘날에도 커피를 사랑하는 순례자들은 이 식물원에 와서 18세기 커피나무의 직계후손인 나무를 바라볼 수 있다. 바로 이 나무의 선조들이 오늘날 세계에서 경작되는 커피 대부분의 종자를 제공했다.

이와는 별개로, 1670년 수피교 신비주의자 바바 부단이 예멘에서 원두 일곱 알을 몰래 가져가 인도 남서부의 카르나타카에 있는 치크마갈루르 언덕에 심었다고 알려져 있다. 이곳은 그 후 유명한 커피 경작지가 되었다.

한편 커피의 서구 전파가 '콜럼버스의 교환'에 따른 것이라는 설도 있다. 1492년 콜럼버스가 '신세계', 즉 아메리카 대륙을 탐사한 후 일어난 동반구와 서반구 사이의 동식물 및 개념, 질병의 이동 말이다. 커피와 차는 동반구에서 서반구로, 초콜릿은 서반구에서 동반구로 전파되었다. 18세기 초에 네덜란드인들은 남아메리카의 네덜란드령 기아나(현재의 수리남) 식민지에 커피 농장을 세웠다. 같은 시기에 암스테르담 시장은 프랑스의 태양왕 루이 14세에게 식물원에서 재배한 커피나무를 선사했는데, 1723년 프랑스 해군 장교 가브리엘 마티외 드 클리외가 그 나무에서 잘라낸 가지를 카리브해의 프랑스령 마르티니크 식민지로 가져가 심었다. 그곳에서 경작된 커피는 카리브해의 다른 섬들과 프랑스령 기아나로 전해졌다. 그리하여 1727년 브라질에 커피 모종이 밀수입되었고 마침내 세계 최대의 커피 산업이 탄생하기에 이르렀다. 이런 선순환 과정을 따라, 브라질에서 재배된 커피 모종은 19세기 말에 동아프리카의 케냐와 탕가니카(현재의 탄자니아)로 돌아와 에티오피아의 야생종 커피 지역에 새로운 변종을 도입하게 된다. 이후로 에티오피아는 세계 10위 안에 드는 상업적 커피 생산국이 되었다.

신세계의 경우, 커피는 에스파냐와 포르투갈의 영향으로 18세기에 중앙아메리카와 남아메리카에서 큰 인기를 끌었다. 한편 영국령 북아메리카 식민지에서는 차가 일상적인 음료였지만, 1773년 정착민들이 영국 정부의 무거운 관세율에 항거하면서 상황이 달라진다. 1773년 보스턴 티파티 사건 후 커피는 13개 영국령 식민지에서 '애국자의 음료'가 되었으며, 이 식민지들은 1775~83년의 독립전쟁 후 미합중국을 이루게 된다.

오늘날 '원두 생산지대'로 알려진 광대한 커피 경작지는 거의 전부 북회귀선과 남회귀선 사이의 습한 적도 지역과 겹친다. 그 밖에도 기온이 20도 내외로 유지되며 땅이 비옥하고 강수와 일조량이 적절한 일부 지역들이 포함되는데, 이런 지역들은 점점 늘어나는 추세다. 현재 수많은 국가와 경제기구에 속한 2500만 명의 인구가 커피 경작과 수출에 생계를 의존하고 있다.

국제커피협회International Coffee Organization, ICO에 따르면 세계 10위 안에 드는 커피 생산국은 다음과 같다. 브라질, 베트남, 콜롬비아, 인도네시아, 에티오피아, 인도, 멕시코, 과테말라, 페루, 온두라스. 브라질은 세계 커피 생산량의 3분의 1을 차지한다. 일부 커피 전문가들은 브라질의 경작자들이 질보다 양을 우선시한다고 말하지만, 이런 오해는 아마도 예전에 브라질의 지역커피협회가 생산자들에게 부과했던 할당량 때문일 것이다. 1960년대 초에 국제커피협약의 일환으로 도입된 할당량 제도는 적정 가격과 시장 안정을 유지하기 위한 것이었다. 여러 자료에 언

1773년 보스턴 티파티 현장에서 배로 실려 온 차가 버려지고 있다.

급된 바로는 무게 할당량을 맞추기 위해 고품질 원두를 수출 전에 다른 원두와 섞곤 했다고 한다. 이는 결과적으로 원두의 품질을 떨어뜨렸는데, 다양한 원두가 섞여 있으면 고르게 로스팅되지 않기 때문이다. 1980년대 말에 할당량 제도가 사라진 이후로 소비자들은 점점 더 쉽게 단일 원산지 원두를 구입할 수 있게 되었으며, 현재 브라질산 원두는 복합성과 품질, 다양성 면에서 현저하게 향상되었다. 브라질의 커피 농장은 대부분 소규모이기 때문에(농장의 70퍼센트가 10만 제곱미터 이하다) 브라질에서 생산하는 원두도 다양하고 광범위하다.

    이렇게 많은 국가들이 커피를 생산하는데다 한 국가 안에서도 경작지가 다양하기 때문에, 커피 바이어에게 (프랜차이즈 카페를 위해서든 개인 카페를 위해서든, 아니면 개별 소비자를 위해서든) 원두의 선택지는 그야말로 놀라울 만큼 다채롭다. 커피 애호가의 유일한 해결책은 직접 맛을 보는 것, 개인적 취향을 파악하고 분석적인 소비자로 남는 것뿐이다. 다양한 토양과 자연 조건에서 경작된 원두라 해도 동일한 방식으로 가공하면 풍미가 유사한 제품이 될 수 있다는 것은 확실하다. 따라서 단지 원두의 원산지만이 향미 프로필을 좌우하진 않는다. 원두 수확 전의 기후 조건부터 마침내 컵 안에 검고 향기로운 액체가 추출되는 순간까지, 생산과 가공 과정의 매 단계에서 온갖 다양한 요소가 향미에 영향을 끼친다. 일례로, 그 때문에 스타벅스가 암스테르담에 커피 '연구소'를 두고 커피의 다양한 혁신을 실험하는 것이다. 그렇게 새로이 창조되고 다듬어진 커피 유행은 대륙 전체로 퍼져나간다. 스타벅스의 바이어들은 해마다 모든 원산지에서 나온 원두를 맛본 다음 구할 수 있는 최상의 선택지를 주문한다. 어떤 해엔 에티오피아 예가체프가 유난히 질이 좋을 수도 있고, 그 다음해엔 수마트라의 바탁이 까다로운 커피 비평가들의 미각에 더 좋게 느껴질 수도 있다.

일반 가정의 바리스타들도 최대한 많은 종류의 원두를 구하여 꾸준히 맛봄으로써 전문가들과 같이 샘플링에 숙련될 수 있다. 바로 그것이 커피의 매력이다. 수도 없이 다양한 원두와 로스팅, 분쇄, 추출 방식이 존재하므로, 커피 애호가들은 매일 커피 한 잔을 끓일 때마다 새로운 시도를 해보며 평생을 보낼 수 있다.

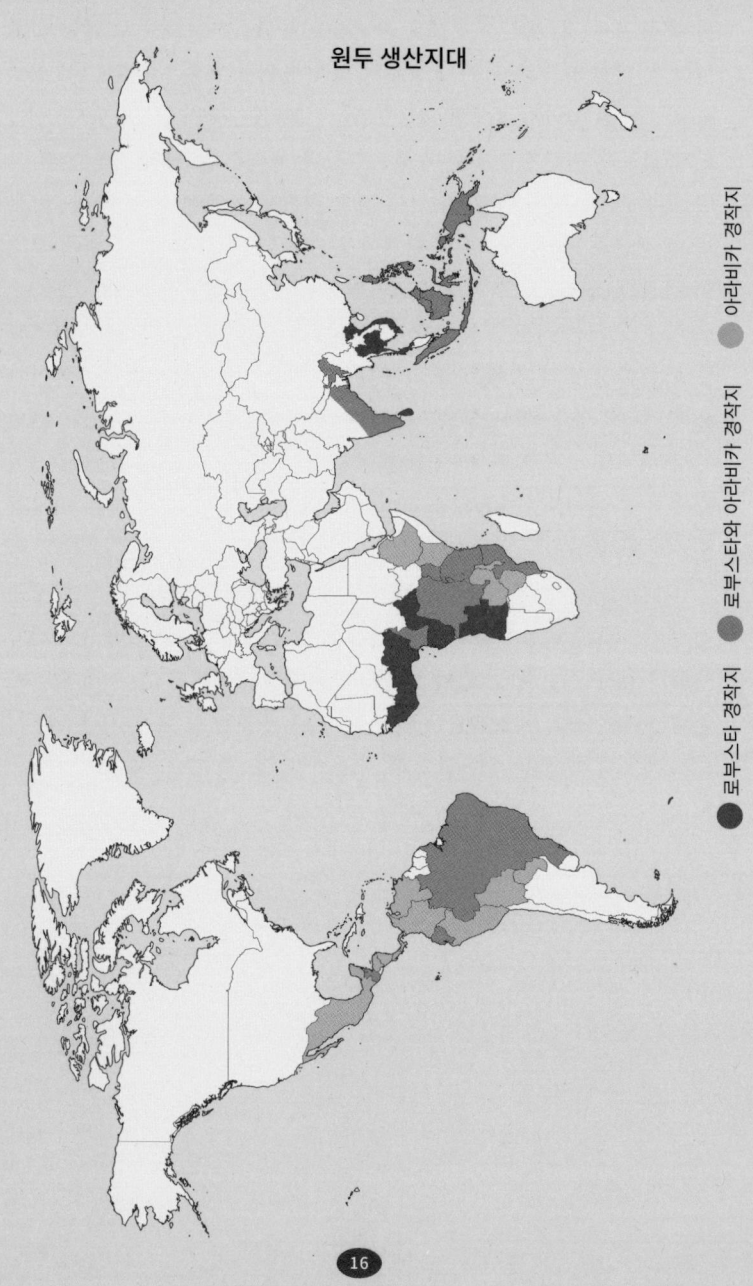

원두란 무엇인가

꼭두서니과Rubiaceae에는 500가지가 넘는 속屬이 포함된다. 그중 하나가 코페아Coffea 속이며 여기에는 6000여 종이 포함된다. 식물학자들은 씨앗을 맺는 꼭두서니과의 모든 식물을 커피나무로 간주하지만, 커피 산업은 대체로 그중 두 가지 종하고만 연관된다.

커피에서 가장 중요한 두 가지 종은 코페아 아라비카Coffea arabica와 코페아 카네포라C. canephora다. 이 두 가지 종이 커피 생산의 대부분을 차지한다. 그런데 커피는 일반적으로 두 가지 주요 유형, 다시 말해 아라비카와 로부스타로 구분된다. 약간의 설명이 필요한데 식물학적으로 아라비카 종은 티피카Typica와 버번Bourbon이라는 두 가지 주요 품종으로 나뉘는 반면 카네포라 종은 대부분 로부스타 품종이기 때문이다.

하지만 꼭 알아두어야 할 점은, 동일한 커피 품종일지라도 다양한 (그리고 종종 예측 불가능한) 경작 조건과 가공 방법에 따라 결과적으로 한 잔의 커피가 되었을 때 다른 향미 프로필을 드러낼 수 있다는 것이다. 또한 좋은 커피 원두는 한 지역에서 자랐을 때 다른 지역에서 자란 원두와 완전히 다른 특성을 드러낼 것으로 기대된다. 이런 전형적 사

커피의 계보

과	속	종	품종
꼭두서니	코페아	아라비카	티피카
			버번
		카네포라	로부스타

례가 코나 커피다. 하와이의 코나 지역에서 생산한 아라비카 원두에만 주어지는 이름인데, 이 지역의 특정한 환경이 이 원두에 세계의 다른 어느 지역에서도 찾을 수 없는 독특한 특성을 부여하기 때문이다.

아라비카 커피

아라비카 원두는 로부스타보다 카페인 함량이 낮지만 부드럽고 산미가 적어 맛은 더 뛰어나다고 간주된다. 국제커피협회에 따르면 세계 커피 생산량의 60퍼센트 이상이 아라비카 종이다. 이 원두는 에티오피아에서 최초로 커피의 역사를 열었던 바로 그 종류이며 지금도 고지대에서 가장 잘 자란다. 씨앗을 심으면 몇 년 후에 향이 무척 좋은 꽃이 피어나고 이어서 타원형 열매가 맺힌다. 열매 안에는 (보통 두 개의) 납작한 씨앗, 즉 커피 원두가 들어 있다. 나무는 관목 형태로 5미터 높이까지 자라지만, 상업적 경작에 적합하도록 보통 2미터 높이로 가지치기를 한다. 아라비카는 4쌍의 염색체를 가지고 있어 자가수분이 가능하며 따라서 유전적 안정성을 유지할 수 있다(교잡수분의 경우 유전적 결과물을 예측하기가 더 어렵다).

    코페아 아라비카 종의 가장 널리 퍼진 두 가지 주요 품종 중에서 티피카는 신대륙에서 최초로 발견되었으며 그곳의 고유 품종으로 간주된다.

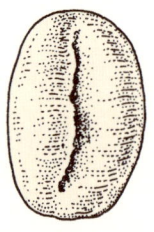

아라비카

생산량은 적지만 향미가 뛰어난 커피를 만들 수 있어 높이 평가된다.

　버번 품종은 복합적이고 균형 잡힌 아로마로 칭찬받으며, (자연 돌연변이종인 카투라, 산라몬, 파카스 등을 비롯한) 여러 고품질 변종과 아종을 탄생시켰다. 또한 다양한 버번 품종들이 각 지역의 기후, 환경, 고도에 맞춰 번식 및 보급되었다. 고지대에서만 자라는 유명한 블루마운틴 변종들이 좋은 예이며 그 밖에도 문도노보, 옐로버번 품종 등의 사례가 있다.

로부스타 커피

로부스타는 코페아 카네포라 종의 대다수를 이루는 품종으로, 아라비카의 좀 더 세속적인 동생 같은 존재다. 아라비카보다 향미가 다소 투박하다고 간주되지만 크레마, 즉 에스프레소 샷의 위쪽 표면에 생기는 거품층을 더 풍부하게 만들어준다는 이유 때문에 에스프레소용 원두에 블렌딩되기도 한다. 아라비카보다 커피녹병Hemileia vastatrix을 비롯한 질병에 잘 견디며 생산량도 더 많고 카페인 함량도 더 높다. 로부스타에 카페인과 클로로겐산(천연 항산화 성분)이 풍부한 것은 병충해에 대한 이 품종 특유의 자기 보존 메커니즘 때문이라고 추측된다. 클로로겐산은 소량 함유될 경우 커피의 향미 프로필에 중요한 역할을 한다고 여겨진다.

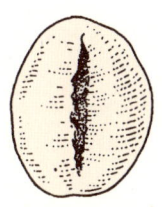

로부스타

하지만 로부스타는 여타 커피 품종보다 클로로겐산 함량이 높으며, 일부 연구에 따르면 이 성분이 발생시키는 산화 물질 때문에 커피가 향미를 잃어 질이 떨어질 수 있다.[1]

로부스타는 저지대에서 잘 자라서, 아라비카라면 곰팡이나 그 밖의 병충해에 취약해질 법한 지역에서도 경작 가능하다. 관목은 아라비카보다 억세고 두 배가량 크게 자라며 더 높은 습도를 선호한다. 꽃이 지고 나면 열매가 맺히는데 익을 때까지 거의 일 년이 걸린다. 로부스타는 자가수분이 불가능하여 바람이나 벌 또는 다른 곤충에 의한 교잡수분을 통해서만 번식할 수 있다.

로부스타는 아라비카와 달리 하나의 종이 아니라 그 하위 품종의 이름이지만, 독특한 특성을 지닌 여러 아종들을 아우른다. 또한 아라비카보다 질병에 대한 저항력이 높으며 생산성도 우수하다.

리베리카 커피

코페아 리베리카 종은 코페아 아라비카나 코페아 카네포라보다 훨씬 소규모로 경작되며, 이 두 종보다 훨씬 강인해서 커피녹병 같은 질병이 퍼졌을 때 대신 심기도 한다. 하지만 리베리카 종은 세계 커피 생산량의 1퍼센트만을 차지하는데, 원두의 질이 낮아 세계적으로 수요가 적기 때문이다. 리베리카 종의 잎과 열매는 아라비카 종보다 훨씬 크지만 열매 안의 원두는 쓴맛이 강하다. 때로 고품질 원두와 블렌딩하여 부피를 늘리는 데 쓰이기도 한다.

---

1 Farah, A., Monteiro, M., Calado, V., Franca, A., and Trugo, L. 2006. 'Correlation between cup quality and chemical attributes of Brazilian coffee'. *Food Chemistry*, 98, 373~380

야생종과 잡종

커피나무에는 온갖 다양한 변종이 있고, 그중 일부는 커피를 만드는 데 쓰이기도 한다. 하지만 수확물의 상업적 가치가 대체로 낮아서 일반적인 거래 품목이 되진 못한다. 수많은 야생 변종들이 있지만 대부분은 각각 고유의 자연 환경에서만 자라나곤 한다. 서식지들이 인간의 개입으로 파괴되어 가기 때문에 생물다양성 보존의 일환으로 세계 곳곳에서 이런 변종의 샘플을 채취하려는 의식적인 노력이 이루어지고 있다. 세계커피연구소World Coffee Research, WCR는 이 같은 생물다양성 프로그램의 일부로 에티오피아와 남수단에서 야생 아라비카 변종 샘플을 채취하여 보존하고 있다. 현재 경작되는 아라비카 종의 유전적 기반은 지극히 한정적이므로, 야생 변종들을 목록화하는 작업은 미래의 육종 프로그램에서 새로운 유전자형을 개발하는 데 도움이 될 것이다.

1960년대와 70년대에 과학자들이 생산성 높은 농작물을 개발하고 세계적으로 농약을 사용하기 시작한 '녹색혁명' 이후로 잡종 커피나무가 전 세계의 농장과 농원에 널리 전파되었다. 과학적인 유전자 조작 커피는 아직 상업화되지 않았지만(그리고 아마 앞으로도 어렵겠지만) 이미 오래전부터 과학자들은 교잡을 비롯한 여러 방식으로 '자연적인' 커피 변종들을 만들어왔다. 가뭄과 병충해에 대한 저항력이 크고 더 빨리 자라서 더 많은 열매를 맺는 현대의 커피 변종들은 예전에 일반적으로 경작되던 고유 품종들을 대체하고 있다. 예를 들어 '루이루 일레븐' 변종은 커피 열매병과 커피 잎의 녹병에 저항력이 강하며 생산량이 많고 보통 커피나무보다 두 배로 빽빽하게 심을 수 있다.

녹색혁명은 생산량 증가, 손쉬운 수확, 안정된 수입 등 여러 면에서 농부들에게 도움이 되었지만, 흔히 논란이 되는 한 가지 중요한 해악이 있다. 바로 생물다양성의 감소인데, 이는 농작물을 새로운 질병에 취약

할 뿐만 아니라 종종 인간의 개입 없이는 살아남기 어렵게 만든다. 예를 들어 농부가 농약을 구입할 여유가 없다면 농사는 실패하고 마는 것이다.

이런 상황이 커피 경작의 미래에 어두운 그림자를 던지고 있긴 하지만, 여기서 다시 이 책의 주제로 돌아가자. 이런 변종들이 경작지로부터 당신이 마시는 커피 한 잔에 이르기까지 어떤 영향을 끼칠까? 많은 커피 애호가들은 잡종들이 향미의 복합성 면에서 떨어진다며 비난하는 추세다. 하지만 일부 변종은 맛과 아로마, 향미 프로필을 위주로 특별히 조합되기도 했다. 경작하기 쉽거나 더 많은 수익을 거두는 것만을 목적으로 하지 않고, 각 원두의 가장 좋은 특성을 이끌어내 하나로 모으도록 조합된 것이다. 한편 인간의 개입 없이도 번식이 가능한 두 가지 종의 교잡으로 발생한 자연적인 잡종도 있다. 아무튼 적절한 원두가 맺히기만 하면 잡종으로도 다른 품종만큼 맛있는 커피를 만들 수 있다.

요약하자면, 커피 원두를 고르는 유일하게 적절한 방법은 정보에 밝고 분석적인 소비자가 되는 것이다. 아라비카와 로부스타를, 티피카와 버본을 구분하는 것도 중요하지만, 단순히 아라비카 원두를 고른다고 해서 맛있는 커피를 추출할 수 있으리라 기대할 수는 없다. 한 해에 수확된 원두 중에서 최고의, 그리고 개인적 취향에 가장 잘 맞는 원두를 고르려면 업계의 평가, 지역 바리스타나 로스터와의 대화, 그리고 무엇보다도 구할 수 있는 광범위한 품종들을 최대한 다양하게 맛보는 것이 중요하다.

커피의 해부학

이제 커피나무로 돌아가서 열매 자체를 살펴보자. 우리에게 친숙한 짙은 갈색의 원두로 변신하기 전의 씨앗을 찾으려면, 커피나무의 가지를 따라 무더기로 맺히는 열매들의 가운데를 보아야 한다.

커피나무는 상록수이다. 나무 위쪽에 반들거리는 잎들이 자라며, 희고 향기로운 꽃들이 나뭇가지를 따라 무더기로 피었던 자리에 열매가 맺힌다. 커피 열매는 핵과류<u>부드러운 과육 속에 단단한 핵으로 싸인 씨가 들어 있는 형태의 열매</u>로 분류된다. 익었을 때 저절로 터지지 않고 부드러운 과육에 감싸인 껍질 안에 씨앗이, 즉 우리가 아는 커피 원두가 들어 있기 때문이다. 커피 열매는(업계에서는 식물학 용어인 fruit보다도 흔히 berry나 cherry로 일컬어진다) 직경 1.5센티미터 정도이며 두 부분으로 명확히 구분된다. 바깥쪽의 과피, 그리고 안쪽에 든 씨앗이다.

과피는 세 겹으로 구성되어 있다. 가장 바깥층은 겉껍질 즉 외피로, 처음에는 녹색이지만 열매가 익으면서 눈부신 붉은색이나 노란색을 띤다. 그 안의 두 번째 층은 과육으로 이루어진 중과피로, 흔히 점액질이라고 한다. 무척 달콤한 맛이 나는 이 과육을 어떻게 처리하는지가 최종 결과물의 향미에 결정적인 영향을 미친다. 점액질을 가공 과정에서 나중에 제거할수록 원두도 과육과 같은 단맛이 나기 마련인데, 점액질이 발효되는 동안 원두에 단맛이 흡수되기 때문이다. 마지막 층은 내과피로, 흔히 파치먼트나 양피라고도 하는 이 껍질 안에 커피 씨앗이 들어 있다.

내과피 안에 들어 있는 씨앗 역시 세 겹으로 구성되어 있다. 가장 바깥의 종피는 은색이라서 흔히 은피라고 불린다. 두 번째 층인 배젖은 최종 향미와 아로마 프로필을 좌우하는 원두의 가장 중요한 부분이다. 그 안쪽의 배아는 원두의 핵심을 이룬다.

종피는 씨앗을 감싸고 있는 얇은 껍질이다. 일반적으로 로스팅 전에 제거되지만, 종종 잔여물이 남아 로스팅 과정에서 겹겹이 떨어져 나오기도 한다. 배젖은 탄수화물의 원천으로 모종이 자라는 동안 양분을 제공한다. 배젖 세포는 다당류가 풍부하며 단백질과 미네랄도 함유하고 있다. 원두의 특정한 향미와 아로마에 영향을 미치는 여러 성분들 중에서 클로로겐산, 지방질, 그리고 카페인이 배젖에 들어 있다.

가장 안쪽의 배아는 아주 작은 공간만을 차지하는데, 씨앗의 대부분은 배아에 공급될 양분으로 채워지기 때문이다. 하지만 수분과 양분을 공급받았을 때 하나의 새로운 식물로 자라나는 것은 바로 이 작고 핵심적인 부분이다.

커피 열매 하나에는 보통 씨앗 두 개가 들어 있으며, 씨앗이 한 개뿐인 경우는 전 세계에서 생산되는 커피 열매의 10퍼센트도 되지 않는다. 식물학자들에 따르면, 일명 '피베리peaberry'라고 알려진 씨앗 한 개짜리 커피 열매는 씨방 중 하나만 수분된 경우에 발생한다. 피베리 애호가

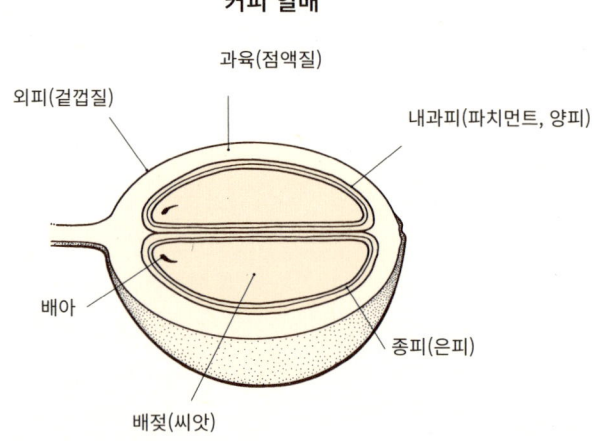

커피 열매

들은 여기서 나온 원두가 더 맛이 달고 풍부하며 향미도 깊다고 주장하는데, 그 이유는 보통 씨앗 두 개로 나눠지기 마련인 양분과 화합물들이 씨앗 하나에 집중되기 때문이라고 한다. 하지만 또 다른 사람들은 피베리가 해로운 유전적 돌연변이이며 피베리가 많이 나오는 커피나무는 생식력이 낮다고 생각한다.

원두와 고도

커피 원두의 향미를 결정하는 데에는 수많은 요소들이 각각 다양한 정도로 작용한다. 하지만 와인의 경우와 마찬가지로 자연 조건, 즉 생산지의 지리·지질학·기후 등이 커피의 향미 프로필에 결정적 영향을 미친다는 것은 분명하다.

커피나무가 자라기에는 고지대가 이상적으로 여겨진다. 낮은 기온은 성장주기를 늦추어 원두가 좀 더 오랜 시간 동안 성숙하게 하고, 그리하여 한결 짙고 풍부하며 뚜렷한 향미를 이끌어낸다. 또한 이처럼 연장된 성숙 과정은 원두에 해당 원산지의 전형적인 향미가 배어들도록 한다. 고지대에서 생산된 원두는 보관 시에 향미가 더 오래 유지되는데, 성숙 과정이 연장된 만큼 원두가 더 단단하기 때문이다. 고지대와 저지대에서 생산된 원두를 과학적으로 비교한 연구에 따르면 고지대 원두로 만든 커피의 바디와 아로마가 훨씬 뛰어나다.[2] 코페아 아라비카 종은 고지대에서 가장 잘 자라지만 경작 비용이 더 많이 든다. 성장 기간이 더 길 뿐만 아니라, 보통 훑어 따기가 아닌 골라 따기(29~31쪽 참조)로 수확하기에 상대적으로 생산량이 낮기 때문이다.

저지대에서 자라는 커피나무는 성장 기간이 짧기 때문에 생산량도 더 높지만, 저지대 원두는 로스팅에서 추출에 이르기까지 고지대 원두와 다른 방식으로 다룰 필요가 있다. 저지대 커피 품종에서 수확되는 원두는 빨리 성숙하며 따라서 훨씬 연하기 때문에 강배전에 취약하다. 이런 원두는 약배전에 제일 적합하며, 그렇게 처리하면 종종 '구수하고 진하며 무난하거나 순한' 향미 프로필을 갖게 된다. 로부스타 커피는 높은

---

2 Avelino, J., Barboza, B., Araya, J. C., Fonseca, C., Davrieux, F., Guyot, B., and Cilas, C. 2005. 'Effects of slope exposure, altitude, and yield on coffee quality in two altitude terroirs of Costa Rica, Orosi, and Santa María de Dota', *Journal of the Science of Food and Agriculture* 85 (11): 1869~76

기온, 지속적인 곰팡이병 전염 가능성 등 거친 환경에 더 잘 적응하므로 저지대에서 잘 자란다.

아래의 표는 고지대에서 저지대까지 다양한 고도에서 생산된 원두의 향미 프로필 특징을 구분해 보여주지만, 이는 어디까지나 개략적 안내로만 참고하도록 하자. 커피의 경작과 생산에는 고도 외에도 여러 다른 요소들이 영향을 미치기 때문이다. 하지만 일반적으로 말하자면, 고지대 생산 원두의 더 긴 성숙 과정은 복합적인 당 형성을 유발하여 원두에 더 깊은 향미를 부여한다. 반면 저지대 생산 원두는 보통 맛이 더 부드럽고 산미가 적다.

게다가 커피나무가 자라는 고도는 원두의 화학적 구성에 영향을 미치는 주요 요소이기도 하다. 로부스타는 아라비카보다 카페인 함량이

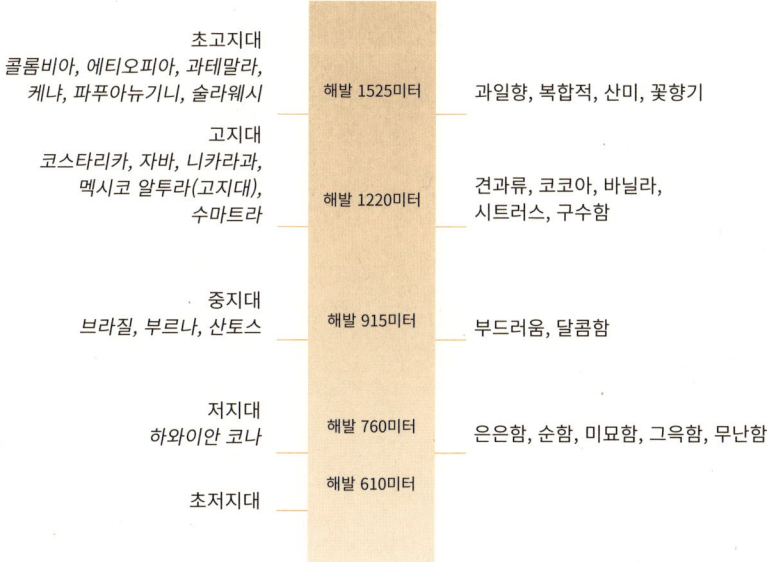

향미 프로필

지대 구분	고도	향미 특징
초고지대 콜롬비아, 에티오피아, 과테말라, 케냐, 파푸아뉴기니, 술라웨시	해발 1525미터	과일향, 복합적, 산미, 꽃향기
고지대 코스타리카, 자바, 니카라과, 멕시코 알투라(고지대), 수마트라	해발 1220미터	견과류, 코코아, 바닐라, 시트러스, 구수함
중지대 브라질, 부르나, 산토스	해발 915미터	부드러움, 달콤함
저지대 하와이안 코나	해발 760미터	은은함, 순함, 미묘함, 그윽함, 무난함
초저지대	해발 610미터	

훨씬 높은데, 카페인은 식물에서 천연 살충제 역할을 한다. 이러한 작용은 본래 강인한 이 품종의 특성에 더해져 저지대에 존재하는 환경적 스트레스를 잘 견디도록 만든다. 일부 과학자들에 따르면, 아라비카 종이 카페인을 덜 함유하도록 진화된 것은 고지대에서는 곤충으로부터 자신을 방어하기 위해 쓴맛을 띠어야 할 필요성이 적기 때문이라고 한다.

원두 수확

커피나무 열매를 수확하는 방식은 두 가지가 있다. 훑어 따기strip picking는 농원 안을 한 방향으로 지나가며 모든 열매를 수확하는 방식이고, 골라 따기 selective picking는 선명한 붉은색으로 무르익은 열매만 골라서 손으로 따는 방식이다.

훑어 따기

이 수확 방식은 기계로 혹은 손으로 이루어지는데, 어느 쪽이든 커피나무에 달린 모든 열매를 한 번에 훑어내는 식으로 진행된다. 기계로 훑어 따기를 할 경우 수확기가 밭을 따라 움직이며 회전하는 팔로 열매를 쳐서 떨어뜨린다. 일꾼들이 그 뒤를 따라가면서 미리 땅에 깔아둔 방수포 위로 떨어진 열매들을 주워 모아 바구니나 자루에 담고, 잔가지나 그 밖의 자연적 폐기물을 제거한다. 아니면 일꾼들이 그냥 손으로 가지를 죽 훑어서 열매를 방수포 위나 가지 아래 놓아둔 자루 안으로 떨어뜨린다. 가공 시설로 수송된 열매가 선별기를 통과하면, 덜 익거나 너무 익었거나 흠집이 있거나 썩은 열매는 걸러지고 잘 익은 열매만 남는다.

   훑어 따기 일꾼 한 명은 하루에 250킬로그램의 열매를 수확할 수 있다. 하지만 이 방식을 쓰면 질이 떨어지는 열매가 선별 과정에서 걸러지지 않는 경우가 많아서 최종 생산물의 질이 떨어질 수 있다.

골라 따기

이 수확 방식은 일반적으로 고품질 커피를 생산하는 데 사용된다. 열매 하나하나를 가장 잘 익은 상태에서 따기 때문이다. 하지만 그만큼 노동

집약적이기 때문에 보통은 아라비카 원두 수확에만 이 방식이 쓰인다. 일꾼들은 완벽한 열매만 손으로 골라 따서 조심스럽게 바구니에 담는다. 수확철 동안 여러 차례 커피나무를 일일이 확인하며 모든 열매를 최상의 상태에서 수확한다.

일꾼들은 커피 열매의 색, 단단함 등 여러 지표를 확인하여 익은 정도를 재빨리 파악한다. 가장 잘 익은 열매는 비교적 연하며 씨앗을 손으로 눌러 짜낼 수 있어야 한다. 열매가 너무 단단하면 덜 익은 것이지만, 너무 무르면 지나치게 익어서 과육과 점액질이 대부분 터져버릴 것이다. 이렇게 과피 부분이 망가진 열매는 과육 제거 과정에서 원두가 손상될 수 있는데, 제거기 안을 쉽게 미끄러져 통과할 만큼 점액질이 충분히 남지 않았기 때문이다. 덜 익은 열매도 점액질이 적절한 상태까지 성숙되지 않았기 때문에 비슷한 문제가 생긴다. 골라 따기 방식을 쓸 경우 일꾼 한 명은 보통 하루에 100킬로그램의 열매를 수확할 수 있다.

세계의 여러 커피 생산지에서는 열매의 성숙 기간이나 특정한 경작 환경에 따라 어떤 수확 방식을 사용할 것인지가 결정된다. 예를 들어 브라질은 기온이 일정하고 지형이 평탄하기 때문에 75퍼센트 이상의 열매가 익고 나면 전체를 훑어 따기로 수확할 수 있다. 이런 환경에서는 일단 훑어 딴 다음에 덜 익거나 너무 익은 열매를 선별해서 버리는 것이 잘 익은 열매만 손으로 골라 따고 나머지는 익을 때까지 나무에 놔두는 것보다 비용 효율이 높다.

커피나무를 심으면 종에 따라 다르지만 보통 3~5년 후에 열매가 맺힌다. 각 나무의 생산량은 환경적 요소와 나무의 연령, 토양 상태에 따라 매년 달라지지만, 대체로 해마다 한 그루에서 2~4킬로그램의 열매를 수확한다.

커피 열매 가공은 수확 후 곧바로 시작해야 한다. 여러 참고자료에 따르면, 열매를 딴 지 24시간 이내에 가공 과정을 시작하도록 권장한다.[3] 하지만 많은 농원에서는 수확 후 10시간을 채 넘기지 않는다. 열매가 나무에서 떨어지는 즉시 과당이 전분으로 변환되기 시작하며, 열매가 상하기 시작하면 원두의 질은 급격히 떨어진다. 점액질 층은 신속히 분해되면서 커피 원두를 감싸고 있는 층을 침식한다. 이렇게 되면 과육 제거 과정에서 덜 익거나 너무 익은 열매와 마찬가지로 원두에 손상이 생길 수 있다. 게다가 열매는 수확된 즉시 수분을 잃기 시작하는데, 수확물은 무게 단위로 판매되므로 열매가 처리되지 않고 오래 방치될수록 수확물의 가치가 떨어지게 된다.

---

3 Queensland Government. October 23, 2013. 'Coffee Processing at Home.' Accessed June 22, 2014. http://www.daff.qld.gov.au/plants/fruit-and-vegetables/specialty-crops/coffee-processing-in-the-home

수확물 가공

수확된 커피 열매가 점액질과 과육을 제거하는 가공 과정을 거치면 녹색 씨앗만 남게 되는데, 이 씨앗을 수분 함량이 특정 범위에 이를 때까지 건조시킨다. 커피 열매가 분쇄와 추출을 거쳐 음료로 만들기 적합한 상품으로 변하는 첫 번째 단계인 셈이다.

커피 열매를 가공하는 주요 방식은 건식법과 습식법 두 가지다. 하지만 세 번째 방식으로 최근에 개발된 반*습식법이 점점 더 널리 사용되는 추세다. 반습식법이라는 용어는 생산 국가에 따라 다양한 가공 기술을 아우른다.

건식법

'자연법'이라고도 불리는 이 가공 방식은 물 사용이 제한된 국가에서 흔히 사용된다. 많은 기계를 필요로 하지 않으며, 커피 열매를 가공하는 가장 오래되고 전통적인 방식이기도 하다. 이 방식을 사용할 경우 열매를 온전한 상태로 널어놓고 통째로 말린다.

먼저 커피 열매를 압축 공기나 물로 세척한다. 이 단계에서 물을 쓰면 선별 과정을 동시에 진행할 수 있다는 장점이 있다. 덜 익은 열매는 수면에 떠올라서 손쉽게 골라낼 수 있기 때문이다.

그런 다음 커피 열매를 깔개나 콘크리트 판 위에, 혹은 큰 통 안에 널어놓고서 낮에는 갈퀴로 훑으며 말리고 밤에는 덮어둔다. 열매의 수분 함량이 10~12퍼센트로 줄어들 때까지 이렇게 건조하며 종종 몇 주씩 걸리기도 한다. 가공 과정에서 가장 중요한 단계 중 하나인데, 열매를 너무 말리면 원두가 퍼석해지고 열매를 너무 빽빽하게 널어놓으면 곰팡이나 박테리아 전염이 생길 수 있기 때문이다.

로부스타 커피와 브라질에서 생산되는 아라비카 커피의 대부분은 이런 전통적 건조 방식으로 처리된다. 이렇게 가공한 커피 원두는 흔히 품질이 낮다고 여겨지는데, 여타 방식들보다 원두가 불균일하거나 손상되거나 오염될 가능성이 높기 때문이다. 하지만 더 맛이 복합적이고 무게감 있는 커피를 만들어낸다는 특징도 있다. 원두가 열매 안에 더 오래 머무르기 때문에 열매의 단맛이 생두에 스며들며 커피를 끓였을 때 향미가 더 뚜렷하다. 자연 가공법으로 생산한 커피는 바디가 풍부하며 달콤한 야생 베리 같은 맛이 난다.

건조된 커피 열매는 다음 가공 단계 이전까지 사일로에 저장된다. 이러한 숙성 과정 뒤에는 공장으로 수송되어 거대한 분쇄기를 통과하는데, 이 단계에서 쪼글쪼글해진 과육으로부터 귀중한 씨앗 부분이 분리된다. 이 과정은 흔히 벗겨내기hulling라고 불린다. 분리된 원두 중에서 흠집이 있는 것을 선별한 다음 나머지를 분류하고 포장하여 전 세계의 로스팅 업체로 운송한다.

습식법

'세척법'이라고도 하는 이 가공 방식은 많은 물과 여러 값비싼 기계를 필요로 하기 때문에 대체로 비교적 부유한 커피 생산지에서만 사용된다. 대부분의 과정이 기계로 진행되기 때문에 인간의 실수로 결점두가 최종 생산물에 섞일 가능성이 줄어들고, 따라서 좀 더 높은 품질의 원두가 생산된다고 여겨진다.

먼저 커피 열매를 물탱크 안에 쏟아넣어 세척한 다음 수로로 흘려보낸다. 열매의 크기와 익은 정도에 따라 칸막이로 나눠지는 부유물 선별 과정이 진행된다. 열매가 고정된 표면과 움직이는 표면 사이를 통과하

건식법	습식법
커피 원두	커피 원두
공기 또는 물로 세척	세척
베이킹과 건조	부유물 선별
벗겨내기	과육 제거
	발효
	씻어내기
	건조

면서 껍질과 과육이 제거되고 씨앗과 점액질 부분만 남게 된다. 발효 탱크로 옮겨진 커피 씨앗은 각 수확물의 특성에 따라 12~80시간 동안 발효된다. 탱크 안에 있는 동안 커피 열매에 함유된 효소가 점액질을 분해시킨다. 때로는 탱크 안에 물을 첨가하기도 하지만, 보통은 점액질 자체의 수분만으로도 발효에 적합한 환경이 조성된다. 점액질이 충분히 분해되었는지 판단하려면 손으로 만져보는 것으로 충분하다. 두 손으로 씨앗을 비볐을 때 까끌까끌한 감촉이 느껴져야 한다. 발효 과정을 거치는 대신 기계로 점액질을 제거하는 경우도 있다. 전통적 발효 과정을 애호하는 커피 전문가들도 있지만, 커핑 테스트(53쪽 참조)에 따르면 두 가지 방식으로 만든 커피에 별 차이는 없다.

내과피에 싸인 씨앗을 씻어내는 과정을 거쳐 점액질을 말끔히 제거한 다음, 건조 단계가 시작된다. 전통적 방식처럼 원두를 안마당이나 건조판 위에 널어놓고 햇빛에 말리거나, 건조기에 넣고 말리거나, 혹은 두 가지 방식을 모두 사용하여 수분 함량을 필수 조건인 10~12퍼센트까지 감소시킨다. 이 시점의 원두는 아직 노란색 내과피가 붙어 있는 상태라서 '파치먼트 커피'라고 불린다.

마지막 벗겨내기 단계는 내과피를 제거하고 그 안의 녹색 생두를 드러내는 것이다. 그러고 나면 원두는 로스팅과 추출 업체, 인스턴트커피 생산업체로 운송될 수 있는 상태가 된다.

세계에서 생산되는 커피의 최소 50퍼센트가 습식법으로 가공된다. 이 방식으로 처리된 원두가 더 균일하고 깨끗하며 산뜻한 맛을 내기 때문이다. 국제 시장에서 교역 관계를 유지하려면 상품의 균일성이 중요하며, 커피는 지구에서 가장 수출 규모가 큰 상품 중 하나이므로 이런 교역 관계가 이상적이고 높이 평가된다. 습식법에서는 매 단계가 통제 가능하기 때문에 인간의 실수나 환경 조건에 따른 손상과 품질 열화가 줄어든다. 건식법은 비용이 적게 든다는 장점이 있지만, 습식법(그리고 기계 공정의 도입)은 생산량을 높이고 노동량을 줄이며 커피의 향미를 고르게 유지할 수 있게 해준다.

반半습식법

반습식법 혹은 '과육 제거 후 전통적 방식'은 비교적 최근에 개발된 커피 가공 방식으로, 주요 방식인 건식법과 습식법의 결합이라고 할 수 있다. 스페셜티 커피 생산에 주로 사용되는 이 방식은 커피의 세계적인 인기와 수요 증가에 따른 연구로 개발되었다.

반습식법은 과육 제거 단계까지는 습식법과 똑같이 진행되지만, 점액질이 붙은 채로 씨앗을 건조하는 과정에서 발효 단계를 건너뛴다. 끈끈한 점액질 층 때문에 씨앗을 기계로 건조하는 것이 불가능하므로 햇빛에 건조할 수밖에 없는데, 그로 인해 단맛이나 낮은 산미 등 전통적 방식으로 가공한 커피와 유사한 특성이 나타나게 된다.

이처럼 점액질이 붙은 채로 건조 과정을 거친 커피는 모두 반습식법 가공 커피로 간주된다. 하지만 커피 생산 국가마다 조금씩 과정에 차이가 있기 때문에, 이 용어의 정확한 뜻을 두고 업계에서도 다소 혼란이 빚어지고 있다. 예를 들어 인도네시아의 '습식 벗겨내기'도 흔히 반습식법으로 분류되지만, 중앙아메리카에서 사용되는 '과육 제거 후 전통 방식'과는 사실상 다른 방식이다. 습식 벗겨내기는 짧은 발효로 점액질의 일부를 분해시키고 수분 함량이 40퍼센트에 이를 때까지 사전 건조한 다음 벗겨내기 단계를 거치며, 이어서 수분이 최종적으로 10~12퍼센트에 이르도록 건조시킨다.

코스타리카에서 반습식법 가공 커피는 미엘miel, 혹은 '꿀에 절인 커피'로도 알려져 있는데 과육이 원두에 어느 정도의 단맛을 주기 때문이다. 이 경우에는 원두를 점액질이 온전히 붙은 채로 수분 함량 10~12퍼센트에 이를 때까지 자연 건조시키는 과정이 필수적이다.

　이 밖에도 가공 과정에서 부수적인 듯 보이지만 최종 생산물에 중요한 변화를 일으킬 수 있는 여러 요소들이 있다. 예를 들어 안정적 환경 조건에서 신속하게 말린 원두는 보통 향미가 더 깔끔하고 산뜻한 반면, 천천히 말린 원두는 좀 더 과일에 가까운 향미를 띤다.

　원두의 가공 방식은 최종적으로 당신이 마시게 될 커피 한 잔의 향미 프로필을 좌우하는 가장 중요한 요소 중 하나다. 당신이 원하는 커피의 특성이 단맛이든 과일향이든 산미이든, 원두가 어떤 방식으로 가공되었는지를 안다면 선택에 큰 도움이 될 것이다.

2장
화학 작용

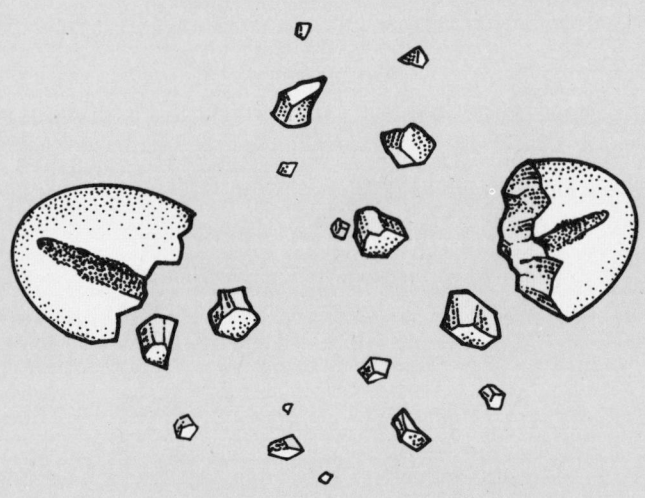

분자 융화

우리가 커피를 좋아하는 이유는 많다. 그중 한 가지가 분자구조 차원에서 인간과 커피의 생화학적 동조 때문이다. 커피에 함유된 카페인의 활성 효과는 상당 부분 카페인과 뇌내 아데노신 수용체의 상호작용에 기인하는데, 이 수용체는 에너지 변환에 중요한 구실을 한다.

당신이 깨어 있는 동안 뇌내 신경세포는 끊임없이 작용한다. 그 작용의 부산물이 바로 중추신경계의 신경조절물질인 생화합물 아데노신이다. 신경계 수용체는 체내의 아데노신 수치를 끊임없이 확인한다. 아데노신이 너무 많으면 뇌는 신경 활동을 늦추고 혈관을 팽창시켜 당신을 졸리거나 휴식을 취하고 싶게 만든다. 카페인은 아데노신과 분자구조가 비슷한데, 특히 둘 다 질소 고리를 두 개 가지고 있다. 이런 구조상의 유사성은 카페인이 신경계의 아데노신 수용체와 결합하여 활성화를 막을 수 있다는, 즉 체내 아데노신 수치를 탐지하지 못하게 효과적으로 차단할 수 있음을 뜻한다. 그리하여 우리는 체내에 아데노신이 증가해도 말짱한 정신을 유지할 수 있는 것이다.

분자구조

카페인
$C_8H_{10}N_4O_2$

아데노신
$C_{10}H_{16}N_5O_{13}P_3$

카페인의 효과

순수한 카페인은 쓴맛이 나는 무향의 백색 분말로, 퓨린 알칼로이드 계열에 속하는 유기화학물질이다. 코코아, 차, 마테, 과라나<u>브라질산 열매로 카페인이 풍부하여 에너지 음료의 원료로 쓰인다.</u>등 음료를 만드는 데 쓰이는 여러 식물종이 이 성분을 만들어낸다. 카페인은 일부 곤충을 죽이기도 하지만 또 다른 곤충에게는 기억을 또렷하게 해주는 효과가 있어 그들이 해당 식물로 돌아와 곤충 수분이 일어날 확률을 높인다.

어느 연구에 따르면 꿀벌은 카페인을 섭취하면 꽃향기를 기억할 확률이 세 배 높아진다고 한다. 그리하여 그 꽃으로 돌아와 식물의 생식 성공률을 높여주게 된다는 것이다.[4] 인체에서 카페인은 가벼운 이뇨 작용을 하며 신경 및 순환, 호흡계에 약한 각성제로도 작용한다.

섭취된 카페인은 위장관을 통해 흡수되어 4~6시간 동안 체내에 남는다. 간에 도달한 카페인은 대사 작용을 거쳐 세 가지 화합물로 변한다. 대부분은 파라크산틴이 되어 혈류 내의 지방질 분해를 증가시킨다. 일부는 테오브로민이 되어 혈관을 팽창시키고 소변 생성량을 늘린다. 그보다 더 적은 일부는 테오필린이 되어 민무늬<u>근내장이나 혈관의 벽을 이루는 근육. 골격 근육과 달리 움직임을 의식적으로 조절할 수 없다.</u>을 이완시킨다. 그 결과 심장 박동이 빨라지고 근육 혈류량이 늘어나는 반면 피부와 장기 혈류량은 줄어들며 간에서 글리코겐이 분비된다. 카페인은 물과 지방에 모두 용해되기 때문에 뇌혈관 장벽을 쉽게 통과한다.

카페인은 에피네프린(아드레날린) 생성을 증가시키고 도파민, 세로토닌, 아세틸콜린 등 신경전달물질 배출량을 높이는데, 이런 물질들의

---

4 Wright, G., Baker, D., Palmer, M., Stabler, D., Mustard, J., Power, E., et al. 2013. 'Caffeine in Floral Nectar Enhances a Pollinator's Memory of Reward.' *Science* 339 (6124): 1202~1204

여러 작용 중에는 공통적으로 기분 변화가 있다. 카페인은 아드레날린과 유사한 방식으로 심박수와 호흡수를 증가시켜 단기적인 에너지 폭발을 일으킨다. 아마도 커피가 사랑받는 근본적 이유 중 하나는 실질적으로 부작용이 전혀 없는 정신적 각성 작용 때문일 것이다.

카페인은 건강에 다양한 이득을 주는 것으로 밝혀졌다. 신진대사와 근력을 높여주며 당뇨와 암과 심장병 위험을 낮추고, 그 밖에도 여러 긍정적 효과가 있다. 널리 소비되는 각성제지만, 다행히도 연구 결과에 따르면 뇌의 보상 회로를 활성화시키지 않기 때문에 중독성은 없다고 한다.[5]

카페인의 대사 물질

카페인

파라크산틴   테오브로민   테오필린

---

[5] Boyet, S., and Nehlig, A. 2000. 'Dose-response study of caffeine effects on cerebral functional activity with a specific focus on dependence.' *Brain Research* 858 (1): 71~77

하지만 설사 카페인에 중독성이 없다고 해도 하루에 4~5잔 이상 커피를 마시는 사람은 경미한 신체적 의존성을 드러낼 수 있으며, 갑자기 커피 섭취가 중단되는 경우 두통, 피로, 과민이나 불안 같은 금단증상을 일으킬 수 있다. 다만 금단증상은 보통 며칠 내로 약화된다. 커피 섭취를 갑자기 중단하는 대신 서서히 줄이면 이런 금단증상은 대체로 피할 수 있다.

당신의 커피잔에는 무엇이 들어 있나?

생두와 로스팅한 원두의 화학 성분은 전혀 다르다. 원두를 가공하고 로스팅하는 과정에서 근본적인 변화가 일어나기 때문이다. 원두의 화학 성분은 종과 원산지의 지리적 위치, 토양 조건, 기후를 비롯한 다른 환경 요소에 따라서도 달라진다.

물론 원두의 기본 성분은 대체로 로스팅 이전이나 이후나 별 차이가 없다. 주요한 차이는 그 성분의 비율이다. 원두는 수분, 아미노산, 당류, 탄수화물, 섬유질, 단백질, 유기산(클로로겐산 등), 미네랄, 지방질, 카페인, 그리고 추출된 커피에 쓴맛을 주는 알칼로이드인 트리고넬린으로 이루어진다. 원두에 함유된 화학 물질은 800가지도 넘으며 그중 상당수가 커피의 향미와 아로마, 그리고 건강상의 이점에 관여한다.

페놀과 항산화제

카페인은 커피 원두에 함유된 가장 잘 알려진 화학 물질이다. 하지만 원두에는 그 밖에도 카페인만큼 중요한 여러 화학 물질이 들어 있다. 예를 들어 페놀산은 항산화 효과가 뛰어난 물질이다. 이 항산화제는 서구의 식생활에서 가장 풍부한 폴리페놀 공급원 중 하나로, 베리류에 들어 있는 성분과 비슷하다. 원두에는 또한 강력한 플라보노이드와 리그난도 들어 있다.

생두에서 가장 두드러지는 페놀산은 클로로겐산으로, 생두에 함유된 항산화제의 대부분을 차지한다. 커피의 클로로겐산은 로스팅 과정에서 대부분 파괴되어 20퍼센트만 남지만, 실험 결과에 따르면 로스팅한 원두가 생두보다 항산화 물질이 더 많은 것으로 드러났다.[6] 생두에 함유된 가장 강력한 항산화 물질이 로스팅 과정에서 대부분 파괴되는데 어떻게 이런 결과가 나올 수 있을까?

원두는 로스팅을 통해 일련의 구조적 변화를 거친다. 이를 통해 온갖 화합물과 멜라노이딘<u>식품의 갈변 과정, 특히 아미노카르보닐 반응의 최종 생성물인 중합갈색 물질.</u>이 합성되는데, 멜라노이딘은 강력한 항산화 작용을 한다. 게다가 진균, 미생물, 염증과 고혈압을 방지하는 작용도 있어 과학자들에게 많은 관심을 받고 있다. 로스팅 중에 일어나는 다양한 항산화제 합성은 어느 정도 마이야르 반응, 즉 여러 식품의 조리 과정에서 흔히 볼 수 있는 갈변의 원인인 당류와 아미노산의 화학 반응에 따른 것이다. 식품 조리에서 가장 중요한 과정 중 하나인 마이야르 반응은 여러 향미 화합물을 새로이 형성해 최종 향미 프로필에 크게 기여한다.

실험 결과에 따르면 아라비카 생두보다 로부스타 생두에 항산화 성분이 더 많다.[7] 하지만 이 항산화제들은 로스팅 중에 손상되거나 파괴될 확률이 높기 때문에 가공이 끝난 원두 완제품에서는 아라비카의 항산화 성분이 더 높아지게 된다. 여러 연구를 보면 원산지의 지리적 위치, 품종과 자연 조건 등 여러 다른 요소들도 원두의 최종적인 항산화 성분 함유량에 영향을 미친다는 걸 알 수 있다. 예를 들어 멕시코와 인도에서 자란 커피나무의 아라비카 열매는 중국에서 자란 똑같은 나무의 열매보다 클로로겐산 함량이 높다는 것이 밝혀졌다.

이미 잘 알려져 있듯, 폴리페놀과 페놀 성분은 혈장의 항산화제 수용력을 높여 인체 세포가 산화로 손상되는 것을 막아주며 따라서 이와 관련된 다양한 퇴행성 질환의 위험을 줄여준다.

---

6 Šlebodova, A., Brezova, V., and Staško, A. 2009. 'Coffee as a source of antioxidants: An EPR study.' *Food Chemistry*. 114, 859~868

7 Richelle, M., Tavazzi, I., and Offord, E. 2001. 'Comparison of the Antioxidant Activity of Commonly Consumed Polyphenolic Beverages (Coffee, Cocoa, and Tea) Prepared per Cup Serving.' *Journal of Agricultural and Food Chemistry* 49 (7): 3438~3442

지방질

지방과 기름 등 유기 화합물을 가리키는 지방질은 커피 한 잔의 맛을 결정하는 데 중요한 역할을 한다. 커피의 주된 지방질은 트리아실글리세롤과 스테롤, 토코페롤(비타민 E)인데 모두 커피에 고유한 특성을 부여한다. 디테르펜은 커피의 지방질을 20퍼센트까지 차지하는 지방산으로, 연구 결과에 따르면 섭취할 경우 건강에 긍정적 영향과 부정적 영향을 동시에 미치기 때문에 분류하기가 어렵다. 필터로 거르지 않은 커피에 다량 함유된 두 가지 디테르펜, 즉 카페스톨과 카웨올은 인체의 혈청 콜레스테롤을 높인다고 밝혀졌다.[8] 이 화합물들은 대부분 종이 필터로 걸러지므로, 심혈관계 질병 위험이 있는 사람들은 필터로 거르지 않은 커피를 절제하거나 아예 마시지 않는 게 좋다. 하지만 반대로, 카페스톨과 카웨올이 특정 발암물질의 영향을 줄여줄 수 있다는 연구 결과도 있다.[9]

이런 지방산 화합물은 커피 원두가 이상적인 온도보다 더 높은 상태에서 보관될 경우 대부분 분해되어 잡내를 일으킬 수 있다. 반면 지방질은 녹는점이 높기 때문에 로스팅 과정에서는 거의 손상되지 않지만, 추출 방식에 따라 지방질의 상당 부분이 걸러져 제거될 수 있다. 연구 결과에 따르면 필터로 거르는 방식은 커피 한 잔(150밀리리터)당 지방질을 7밀리그램만 보존하지만, 끓이거나 에스프레소 머신을 쓸 경우 60~160밀리그램이 보존된다.[10] 커피의 향미가 대부분 이런 지방산 화합물에 함유된 것임을 고려하면, 왜 필터로 거른 커피가 필터를 쓰지 않고

---

8 Urgert, R., Essed, N., van der Weg, G., Kosmeijer-Schuil, T., and Katan, M. 1997. 'Separate effects of the coffee diterpenes cafestol and kahweol on serum lipids and liver aminotransferases.' *The American Journal of Clinical Nutrition* 65 (2): 519~524

9 Calvin, C., Holzhaeuser, D., Scharf, G., Constable, A., Huber, W., and Schilter, B. 2002. 'Cafestol and kahweol, two coffee-specific diterpenes with anticarcinogenic activity.' *Food and Chemical Toxicology* 40 (8): 1155~1163

10 Ratnayake, W., Hollywood, R., O'Grady, E., and Stavric, B. (1993). 'Lipid content and composition of coffee brews by different methods.' *Food and Chemical Toxicology* 13 (4): 263~269

추출한 커피와 비교했을 때 식감이 다른지 이해된다. 또한 아라비카 원두의 지방질이 로부스타 원두의 거의 두 배라는 점을 감안하면, 아라비카 커피의 컵 퀄리티가 훨씬 뛰어나다고 알려지는 것도 당연하다.

산

로스팅한 원두에서는 30가지 이상의 다양한 유기산이 발견되는데, 각각 다양한 향미나 항산화 작용에 기여한다. 그런 유기산 중에 가장 중요한 것이 아마도 클로로겐산일 것이다. 이 성분은 커피에 든 산의 대부분을 차지하며 항산화 성분의 상당 부분을 제공한다. 원두를 로스팅하면 키닌산과 카페인산이 생성되면서 클로로겐산의 절반 정도가 파괴된다. 키닌산은 마이야르 반응(50쪽 참조)이 일어나는 동안 갈색 화합물을 형성하고 강력한 항산화제인 멜라노이딘을 생성하여 컵 퀄리티와 향미에 중요한 역할을 한다. 키닌산은 또한 우리가 느끼는 커피의 쓰고 떫은맛의 원인이며, 카페인산은 와인에도 함유된 유효 항산화제이다.

커피의 향미에 있어 산미는 중요한 본질적 요소다. 산미의 균형은 커피에서 어떤 맛이 날지를 결정하며, 균형이 잘 잡혀야 커피의 맛이 밋밋해지지 않는다(51쪽 참조).

알칼로이드

트리고넬린은 생두와 로스팅한 원두 양쪽 모두에 포함된 쓴맛의 알칼로이드로, 당연히 커피의 아로마와 향미와 컵 프로필에 큰 영향을 미치며(52쪽 참조) 여러 가지 건강상의 이점을 지닌 성분이기도 하다. 트리고넬린은 로스팅 중에 열화되어 다양한 화합물을 생성하는데, 그중에는 비타민 B3나 니아신이라는 이름으로 잘 알려진 니코틴산도 포함된다.

커피 한 잔에는 니아신 1~3밀리그램이 들어 있으며, 미국 국립보건원은 성별과 연령에 따라 니아신을 하루에 12~16밀리그램까지 섭취하도록 권고하고 있다.

미네랄

커피에는 칼륨, 인, 마그네슘, 망간 외에도 30여 가지의 미네랄이 미량 함유되어 있다. 하지만 원두의 품종과 생산 조건에 따라 성분이 크게 달라지므로, 커피가 믿을 만한 미네랄 공급원이라고 할 수는 없다.

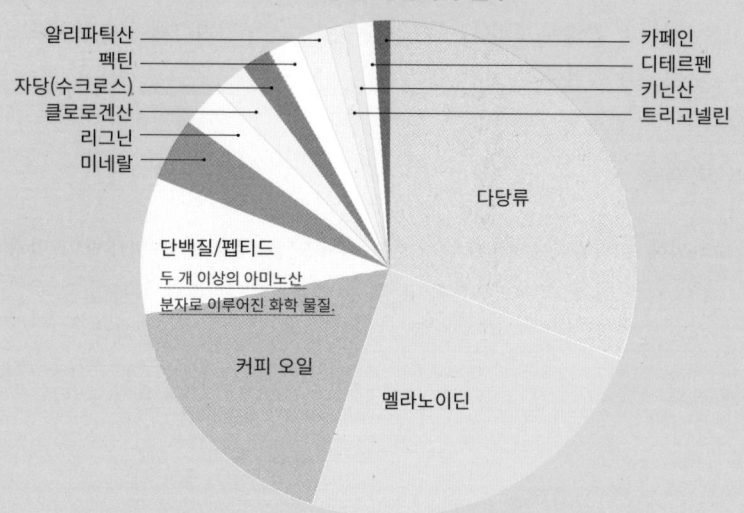

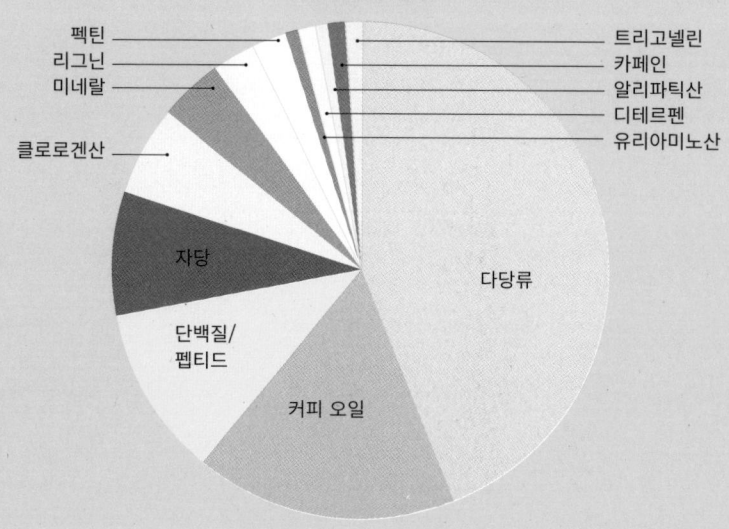

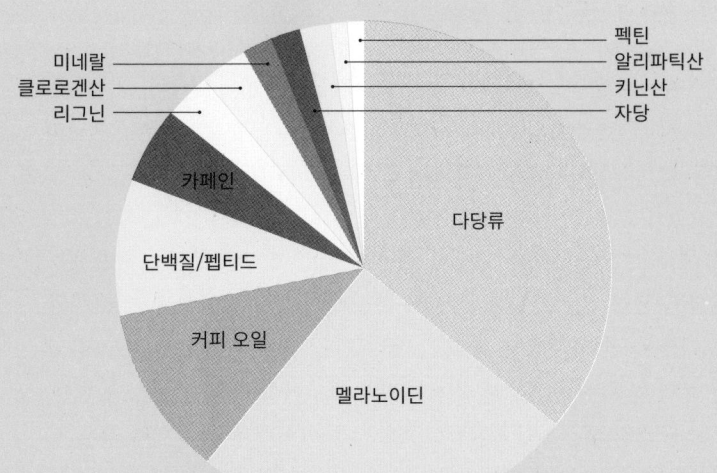

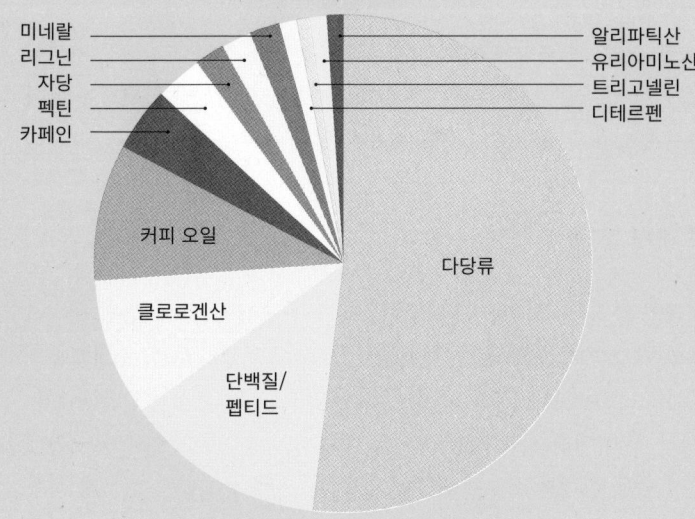

Graphic adapted from figures in *Coffee: Emerging Health Effects and Disease Prevention* (2012, Oxford, John Wiley & Sons)

향미, 맛, 아로마

평범한 원두 한 알에도 천여 가지에 이르는 화합물이 들어 있으며, 그 정확한 분량은 거의 매년 수확되는 원두마다 달라진다. 원두는 겉보기에 별것 아닐지 모르지만, 그 화학적 구성은 놀라울 정도로 복잡하다.

완제품 커피의 화학적 구성은 대체로 어떤 로스팅 방식을 사용했는지에 좌우된다. 로스팅 과정은 탄수화물과 지방을 방향성 유지로 변환하고 다양한 산 성분을 분해 혹은 생성한다. 이런 산 성분들과 그 밖의 여러 화학 반응이 당신이 마시는 커피의 아로마와 향미, 맛을 결정한다. 원두를 로스팅하는 동안 두 가지 주요 작용이 일어나는데, 이를 통해 커피에 들어 있는 향미와 아로마 화합물의 다수가 형성된다.

마이야르 반응

앞서 언급했듯이 베이킹과 로스팅 등 원두를 가열하는 과정에서 마이야르 반응이 일어난다. 이는 아미노산과 단당이 재배열 및 분해되는 분자 반응이며 커피의 향미를 더하고 강화시킨다.

스트레커 분해

스트레커 분해는 아미노산과 관련된 화학 반응이지만, 이 경우에는 카르보닐 화합물과 결합하여 케톤과 알데히드 같은 중요한 향미 화합물을 생성한다. 마이야르 반응과 마찬가지로 주로 로스팅 과정에서 일어난다.

원두 속의 여러 화학 성분들은 각자 나름의 방식으로 향미 프로필에 일조하지만, 향미와 아로마에 중요한 역할을 한다고 알려진 특정 화학 성분들은 다음과 같다.

산

산은 여러 식품에서 대체로 신맛과 결부되지만, 커피의 경우에는 맛에 깊이를 주는 여러 단계의 미묘한 향미와 연결된다. 여러 산 성분은 커피에 각각 다른 향미를 다양한 정도로 부여하며, 이 모두가 균형을 이루면 커피 특유의 매력인 복잡하고도 산뜻한 복합적 향미가 완성된다. 커피에 가장 많이 들어 있는 산 성분은 클로로겐산(46쪽 참조)이며 그다음은 구연산으로, 미량이거나 적정량인 경우 커피에 산뜻한 느낌을 주지만 너무 많으면 산미가 지나치게 강해진다. 그 밖에도 사과산, 초산, 인산이 중요한 산 성분이다. 사과산은 달콤한 사과향을, 초산은 독특한 와인 느낌의 향미를 더하며 인산은 향미라기보다도 톡 쏘는 새콤함을 부여한다.

케톤과 알데히드

케톤과 알데히드는 로스팅 과정에서 산소와 탄수화물의 상호 작용으로 형성된다. 분쇄 원두의 질량분석 결과에 따르면, 이 두 종류의 성분이 각각 커피 아로마의 21.5퍼센트와 50.7퍼센트를 좌우한다.[11]

생두와 로스팅한 원두에는 수십 가지의 케톤과 알데히드가 들어 있는데, 각각 뚜렷이 다른 고유의 향미와 아로마를 지닌다. 꽃이나 과일 향이 나거나 꿀처럼 달콤한 성분이 있는가 하면 쓰거나 구수하거나 얼얼한 성분도 있다. 그런가 하면 어떤 케톤 성분은 버터 향이나 풀 냄새나 박하 향이나 매콤한 냄새가 난다. 케톤과 알데히드의 아로마는 지극히 섬세하며 또한 극도로 휘발성이 강하다.

---

11 Merritt, C., Bazinet, M., Sullivan, J., and Robertson, D. 1963. 'Mass Spectrometric Determination of the Volatile Components from Ground Coffee.' *Journal of Agricultural and Food Chemistry* 11: 152~155

트리고넬린

앞서 보았듯이, 커피 원두 속의 트리고넬린 알칼로이드는 로스팅 과정에서 분해되어 인체 건강에 필수적인 비타민을 생성하는(46쪽 참조) 한편으로 피롤, 피리딘, 피라진 같은 휘발성 아로마 화합물도 만들어낸다. 이 화합물들은 커피 아로마의 상당 부분을 이루므로, 트리고넬린 또한 당신이 마시는 커피의 향미 프로필에 직접적으로 영향을 미친다고 할 수 있다. 쓴맛이 나는 화합물인 트리고넬린은 원두를 오래 로스팅할수록 눈에 띄게 줄어든다. 피롤은 종종 흙이나 곰팡이, 버섯이나 탄 설탕 같은 불쾌한 향미를 부여하기도 한다. 피리딘 또한 종종 구수하거나 떫은 혹은 탄 듯한 고약한 아로마를 띠지만 가끔 꽃향기가 나기도 한다. 한편 피라진은 커피에 두 번째로 많이 함유된 아로마 화합물로 토스트나 견과류, 곡물의 향미를 지닌다.

자당

자당은 커피에 가장 많이 함유된 당류지만 로스팅 과정에서 상당 부분 파괴된다. 자당 같은 탄수화물은 마이야르 반응(50쪽 참조)에 필수적이며 커피 향미와 아로마의 주된 원천 중 하나인 캐러멜화, 즉 당이 갈변하는 과정의 기반을 이룬다. 푸란은 자당이나 다당 같은 당류를 열분해(유기 화합물에 강한 열을 가했을 때 일어나는 분해)할 경우 생성되는 성분인데 달콤하고 구수하며 캐러멜 혹은 탄 듯한 맛이 난다. 캐러멜화는 당 분자의 수분을 제거하면서 달콤함을 보존하는 동시에 향미와 아로마, 그리고 미량의 쓴맛을 더한다.

맛 평가를 위한 커핑 방법

지금까지 커피의 향미와 아로마 프로필을 결정짓는 핵심 성분들을 파악해보았다(그 밖에도 여기에 전부 열거할 수 없을 정도로 많은 수백 가지 요소들이 있지만). 그런데 어떻게 하면 실제로 커피에서 이 같은 향미와 아로마를 정확히 분석할 수 있을까?

커핑은 다양한 원두의 맛과 향미, 아로마를 정확히 평가하기 위해 고안된 방법이다. 로스팅 업체들과 커피 전문가들은 이 방법을 통해 각 원두의 장점을 비교하고 무엇을 구매할지 결정한다. 커핑은 추출 방식에 따른 향미와 아로마, 식감의 차별을 배제하고 특정 원두의 프로필을 온전히 측정하는 가장 좋은 방법이다. 원두 간의 차이는 종종 미미하기에, 완성된 커피에서 느껴지는 차이가 원두 자체에서 기인한 것임을 확신하려면 원두들을 일관된 조건에서 나란히 맛볼 수 있는 것이 중요하다.

커핑 테스트 동안에는 일관된 조건을 유지하기 위해 여러 가지 엄격한 규칙들을 지켜야 한다. 170~255그램 들이 컵과 물 150밀리리터, 원두 7~8그램을 사용한다. 다양한 원두 샘플을 약배전한 뒤 프렌치 프레스(97쪽 참조)용 원두와 비슷한 정도로 거칠게 분쇄한다. 원두는 평가하기 전날 로스팅한 다음 8시간 휴지시키고, 식어서 실온 상태에 이르면 공기 접촉을 최소화하기 위해 밀폐 용기에 보관해야 한다. 원두는 커핑을 시작하기 직전에 분쇄하고, 분쇄한 지 15분 안에 커핑을 해야 한다.

커피에 사용할 물은 맑고 깨끗하며 끓여서 93~95도에 맞춰져야 한다. 분쇄한 커피를 3~5분 동안 물에 담가둔다. 원두 가루가 수면에 떠올라 크러스트를 형성하면서 아로마의 일부를 컵 안에 보존하게 된다. 충분히 시간이 지나면 깨끗한 숟가락으로 크러스트를 걷어낸다. 코를 컵에 바짝 갖다대고 곧바로 뿜어 나오는 향기를 들이마시며 그 안에 담긴 다양한 특성을 분석한다.

커핑의 그다음 단계는 맛을 보는 것이다. 위에 떠오른 원두 가루를 걷어낸다. 방식이 다르긴 해도, 커피를 맛보는 방식은 와인 테이스팅만큼이나 상세하고 꼼꼼하다. 커피를 한 숟갈 떠서 후루룩 마시는 동시에 숨을 들이쉬어 맛과 아로마 모두를 완전히 느낀다. 숟가락을 깨끗한 물이 든 잔에 헹구고, 다음 샘플을 같은 방식으로 맛본다. 커핑을 할 때는 아로마와 바디, 단맛, 뒷맛, 균형, 산미를 비롯한 원두의 온갖 다른 특성을 비교하는 것이 중요하다. 맛을 본 뒤에는 흔히 로스팅한 원두를 분쇄하지 않은 상태에서 눈으로 보면서 겉모습을 평가하는 단계가 이어진다. 원두는 보통 커핑이 다 끝날 때까지 감추는데, 시각적 판단으로 맛을 볼 때 선입견이 생기지 않도록 하기 위해서다.

디카페인 커피

커피 음용의 긍정적 효과 중 하나가 카페인이라는 건 명백하지만, 앞서 설명한 바와 같이(43~49쪽 참조) 커피에는 그 밖에도 건강에 좋은 여러 생물학적(인체에서 바로 활성화될 수 있는) 화합물들이 들어 있다.

    디카페인 커피는 카페인에 민감하거나 특정한 조건에서 카페인 섭취를 피해야 하는 커피 애호가들의 이상적인 해결책이다. 카페인이 초래할 수 있는 부작용으로는 불면, 불안, 신경과민, 초조, 심박과 호흡 증가, 근육 경련 등이 있다. 저녁식사 후 커피를 마시고도 아무 문제 없이 잘 자는 사람들도 있지만, 많은 사람들은 취침 전에 커피를 마실 경우 카페인으로 인해 불면증을 겪는다. 하지만 디카페인 커피를 선택한다면 잠을 설칠 위험 없이도 즐겁게 커피를 마실 수 있다.
    커피에서 카페인을 제거하는 주된 방식은 네 가지가 있다. 두 가지는 용매를, 다른 두 가지는 각각 이산화탄소와 물을 이용하는 것이다. 하지만 네 가지 방식 모두 기본 과정은 비슷하다.

용매 방식

직접 용해 방식은 원두를 30분간 증기로 찐 다음 에틸아세테이트나 염화메틸렌 같은 액체 용매로 여러 시간 반복하여 헹궈내는데, 이 과정에서 용매가 카페인 분자와 결합한다. 원두를 용매에서 꺼내서 다시 찌면 용매와 카페인 잔여물이 제거된다.
    간접 용해 방식은 원두를 여러 시간 뜨거운 물에 담가서 카페인과 커피 오일과 향미를 녹여낸다. 그런 다음 원두를 꺼내고 물에 용매를 주입하면 직접 용해 방식과 마찬가지로 용매가 카페인과 결합한다. 용매가

카페인 제거 방식

직접 용해

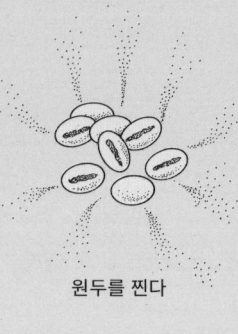
원두를 찐다

용매를 주입한다

원두를 다시 찐다

간접 용해

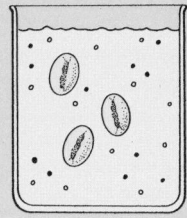
원두를 물에 담근다

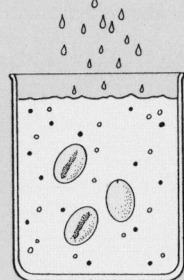
용매를 주입한다

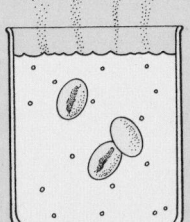
용매와 카페인이 증발한다

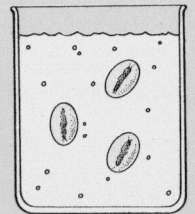
남은 물에 새 원두를 넣는다

든 물을 가열하여 용매와 카페인을 함께 증발시킨다. 남은 물에 새 원두를 넣고 같은 공정을 진행하는데, 이제 원두와 물은 커피 오일과 향미에 있어 균질한 상태이기 때문에 물에는 원두의 카페인만이 녹아나게 되며, 이를 다시 용매로 제거한다.

이 두 가지 방식으로 카페인을 제거한 원두는 수분 함량이 적정 상태에 이를 때까지 다시 건조하고, 그런 다음 다른 방식의 디카페인 커피와 동일한 가공 과정을 거친다.

이산화탄소 방식

원두를 뜨거운 물에 담가서 표면의 기공들이 열리고 카페인 분자가 활성화되게 한다. 그런 다음 물에 이산화탄소를 주입하여 탄산수로 만든다. 이산화탄소가 활성화된 카페인 분자를 끌어당겨 원두로부터 제거한다. 이 방식은 설비 투자 면에서 초기 비용이 높기 때문에 주로 대량으로 처리할 경우에만 사용된다.

스위스 워터 방식

1980년대에 스위스 과학자들이 용매나 여타 화학 물질 없이 원두에서 카페인의 대부분을 제거하는 방식을 고안해냈다. 이 방식은 상업적으로도 실용성이 있다고 증명된 뒤로 대규모 디카페인 커피 생산에 사용되고 있다.

먼저 원두를 뜨거운 물에 여러 시간 담가두어 카페인뿐만 아니라 커피 오일과 향미 분자를 비롯한 여러 주요 성분들을 침출시킨다. 물에서 카페인을 제거하고 다른 성분들은 원두에 재흡수시켜야 하는데, 이를 위해 활성탄 필터로 물을 거른다. 필터 구멍의 크기는 비교적 큰 카페인

카페인 제거 방식

이산화탄소 방식

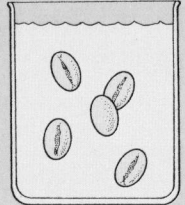
원두를 물에 담근다

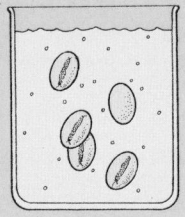
이산화탄소를 주입한다

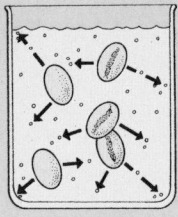
이산화탄소가 카페인을 끌어당긴다

스위스 워터 방식

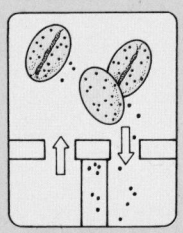
원두를 물에 담그고 카페인을 침출시킨다

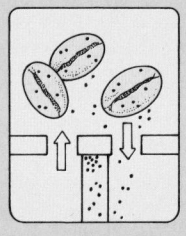
활성탄 필터를 통해 물을 걸러낸다

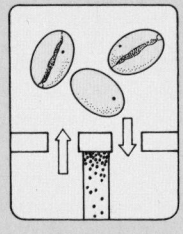
걸러낸 물에 원두를 도로 넣는다

분자는 걸러지고 더 작은 향미 분자는 통과하여 물에 남도록 맞춰져 있다. 걸러낸 물에 원두를 도로 넣고 향미 분자를 재흡수시킨 다음 나머지 가공 과정을 진행한다.

    이 방식은 상대적으로 비용이 많이 드는데, 용매와 달리 활성탄 필터에서는 카페인을 회수할 수 없기 때문이다. 다른 방식의 경우, 용매에서 추출한 카페인을 건강식품이나 식생활 보충제, 음료수 회사에 판매하여 얻는 부수입으로 디카페인 공정의 비용을 상쇄할 수 있다.

우유의 역할

어떻게 차가운 액체 우유가 스팀기를 통해 부드럽고 거품이 이는 상태로 변하는 걸까? 기본적으로 이것은 우유에 든 단백질과 지방질이 가열을 통해 변성되면서 하나로 결합하기 때문이다. 이러한 작용에서 생성된 결합 구조가 스팀기에서 나온 공기 방울을 가두면, 전 세계 사람들이 에스프레소에 얹어 먹는 우유 거품이 만들어지는 것이다.

커피에 우유를 넣으면 영양소 함량이 크게 변하며, 커피가 인체 건강에 미칠 수 있는 부정적 영향의 일부를 상쇄하게 된다. 말하자면 카페인 음료 섭취가 야기할 수 있는 골다공증이 한 예다. 완경기 여성에 대한 연구에 따르면 우유를 넣은 커피를 하루에 두 잔 마시는 것으로 낮아진 골밀도를 벌충할 수 있다.[12] 하지만 또 다른 연구에 따르면 우유가 커피에 든 폴리페놀과 항산화제의 체내 흡수를 방해하여 클로로겐산과 그 대사 물질의 생체 이용률에 영향을 미칠 수도 있다.[13] 그럼에도 우유 자체는 여러 모로 건강에 이롭다. 완전 단백질인데다가 식생활에 칼슘과 비타민 B 등 여러 영양소를 공급해주기 때문이다.

우유가 커피에 주는 향미와 거품이 잘 날 가능성, 그리고 우유와 커피의 상호 반응을 이해하는 데 중요한 세 가지 주요 성분은 다음과 같다.

---

12 Barrett-Connor, E., Chun Chang, J., and Edelstein, S. 1994. 'Coffee-Associated Osteoporosis Offset by Daily Milk Consumption: The Rancho Bernardo Study.' *The Journal of the American Medical Association* 271 (4): 280~283

13 Duarte, G. and Farah, A. 2001. 'Effect of simultaneous consumption of milk and coffee on chlorogenic acids' bioavailability in humans.' *Journal of Agricultural and Food Chemistry* 59 (14): 7925~7931

유지방

지방은 우유의 성분에서 중요한 부분을 차지하며 전체적인 식감을 부드럽게 만든다. 고지방 우유일수록 대체로 맛이 풍부하고 진하며 부드럽다. 유지방 함량이 0.2퍼센트 미만인 무지방 우유(혹은 탈지유)부터 1~2퍼센트인 저지방 우유, 그리고 3.25~3.5퍼센트인 전유全乳에 이르기까지 다양한 우유를 구입할 수 있다. 보통 저지방 우유일수록 거품이 잘 나는데 단백질과 경쟁할 지방이 적기 때문이다. 흥미로운 것은 유지방 함량이 전유보다 더 높아지면 즉 일정 수준 이상의 고지방 우유도(예를 들어 유지방 함량이 18퍼센트에 이르는 커피용 크림처럼) 거품이 잘 나온다. 바로 이것이 유지방이 많은 크림일수록 거품을 내기가 쉬운 이유다.

유단백질

우유에 거품을 내는 데 가장 크게 관여하는 성분은 단백질이다. 우유에 60도 이상의 열을 가하면 단백질이 변성되어 스팀기에서 나온 공기 방울을 감싸서 고정시키게 된다.

유당

유당 혹은 젖당은 우유의 단맛을 내는 성분이다. 유당은 다당보다 용해도가 낮아서 상대적으로 덜 달게 느껴지지만, 우유를 데우면 용해도가 높아져서 당 결정이 분해되며 우유 맛을 더 달게 만든다.

식물성 우유 대체품은 커피에 넣었을 때 종종 예상치 못한 작용을 일으킨다. 콩이나 견과류에서 뽑아낸 두유는 추출 방식 때문에 지방질이 줄어드는데, 액체에 공기 방울을 잡아두려면 지방질이 필요하다. 또한 차가운 상태로 뜨거운 커피에 넣을 경우 커피에 함유된 산 성분이 두유의 단백질을 응고시킬 수도 있다. 현재는 많은 우유 대체품에 이런 위험을 줄여주는 안정제가 첨가되어 있지만, 집에서 만들었거나 가게에서 산 천연 상태의 우유 대체품은 커피에 넣기 전에 데우는 것이 좋다(혹은 커피를 살짝 식혀도 된다). 우유 대체품이 굳어지는 현상을 방지하기 위한 방법은 여러 가지가 있는데, 예를 들면 너무 뜨겁게 데우지 않는 것이나 커피에 부어 넣는 대신 커피를 부어 넣으면서 잘 저어주는 것이다.

우유 거품 만들기

1 유지방 함량이 취향에 맞는 우유를 고른다. 우유가 차가워야 하므로 냉장고에서 바로 꺼내서 쓰도록 한다. 우유가 신선한지 확인한다. 오래된 우유일수록 거품을 제대로 내기가 어렵다. 거품 용기에 우유를 주둥이 바로 아래까지만 부어 넣는다. 이렇게 하면 용기 안에 우유를 흘리지 않고 거품을 낼 수 있는 충분한 공간이 생긴다.

2 거품 용기를 살짝 기울여 스팀 막대를 우유 표면 바로 아래까지 잠기도록 넣고 우유가 소용돌이를 일으키며 돌아가게 한다. 즉 우유를 '스트레칭'하는 것으로, 우유 안에 살살 공기를 넣으면서 미세 거품(조밀하고 부드러운 공기 방울)을 일으키는 방법이다. 이 과정에서 쉭 소리가 나야 한다. 한 손을 거품 용기에 대고 있다가 우유가 체온과 거의 비슷해지면 공기가 더 이상 들어가지 않게 스팀 막대를 우유 속으로 아주 조금 더 집어넣는다. 이렇게 하면 공기를 더 집어넣지 않고도 우유의 온도를 올려 밀도를 높일 수 있다.

3 우유가 계속 소용돌이를 일으키며 돌아가도록 하면서 스팀 막대를 조금 더 우유 속으로 담근다. 쉭 하는 소리가 멈춰야 한다. 우유 거품을 제대로 내는 핵심은 거품 용기를 살짝 기울이는 것, 그리고 용기가 손으로 만지기에 너무 뜨겁다 싶을 때까지(약 60도) 우유의 밀도를 높이는 것이다.

4 우유가 뜨거워지고 조밀한 거품이 생기면, 거품 용기를 카운터에 탁 쳐서 커다란 공기 방울을 터뜨린다. 우유를 잠시 놓아두고 에스프레소 샷을 뽑는다. 커피가 준비되면 용기 안의 우유를 한 바퀴 빙글 돌

우유 거품 만들기

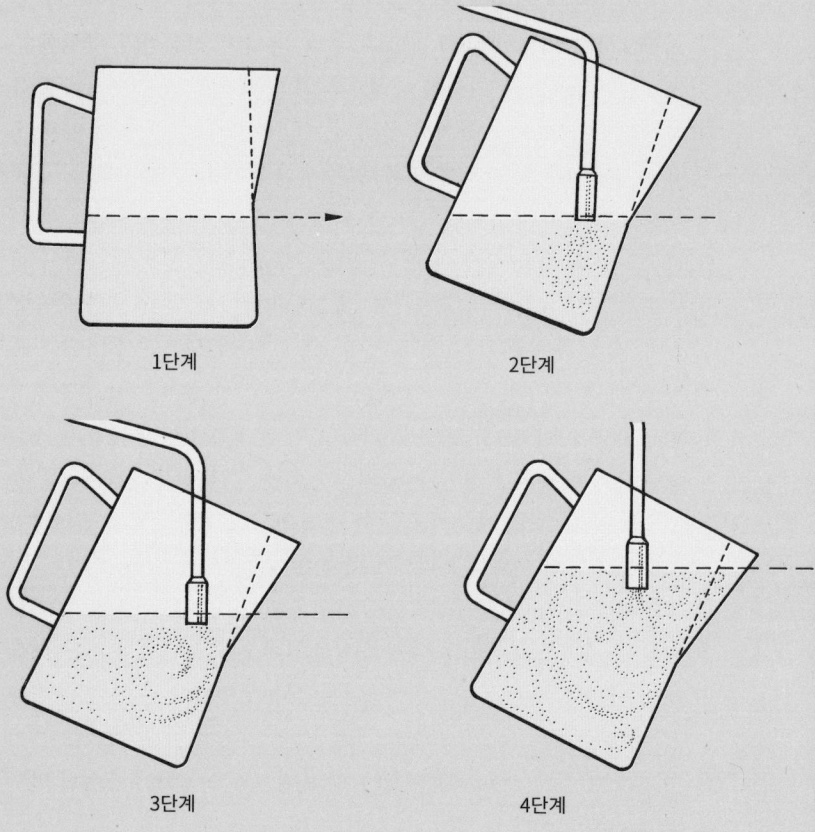

"우유는 뜨거울수록 달콤해지지만, 어느 정도까지만 그렇다. 유당(우유의 단 성분)의 단맛은 일반 설탕에 비해 5분의 1정도밖에 되지 않기 때문이다. 우유를 데우면 유당의 용해도가 높아져서 단맛이 나게 된다. 우유는 58~60도 정도로 데우도록 한다. 그보다 더 뜨겁게 하면 우유에 든 단백질이 변성되어 거품의 질이 떨어진다."

_매튜 퍼거, 월드 챔피언 바리스타, 오스트레일리아 세인트 앨리 앤드 센서리 연구소

려 거품이 전체적으로 고르게 퍼지도록 하고, 큰 공기 방울이 남아 있으면 카운터에 한 번 더 친다. 우유가 젖은 페인트처럼 매끄럽고 반짝거리는 상태여야 한다.

3장
로스팅과 분쇄

생두의 로스팅과 분쇄

생두는 대체로 로스팅하지 않은 채 수출된다. 로스팅하고 나면 더 빨리 변질되기 때문이다. 하지만 환경을 비롯한 그 밖의 요소들도 마찬가지로 완제품 커피의 질에 큰 영향을 미칠 수 있다.

생두는 서늘하고 건조한 장소에 보관할 경우 상당히 오랫동안 좋은 상태를 유지하며, 최소한 12개월이 지나야 변질되기 시작한다. 이상적인 상태의 원두는 최종 가공 단계에서 도달한 수분 함량 10~12퍼센트를 로스팅 직전까지 유지해야 한다. 하지만 이상적이지 못한 온도와 습도는 종종 원두를 좀 더 습하거나 건조하게 만들어 결과적으로 원두의 질을 떨어뜨린다. 생두를 보관하는 최적의 온도에 대해서는 자료에 따라 의견이 다르지만, 비교적 서늘한 환경이어야 하며 20~25도를 넘으면 안 된다는 데에는 대부분 일치한다.

생두는 운송되는 동안, 특히 배에 실려가는 동안 커다란 온도와 습도 변화를 겪으며 이에 따라 응결 현상이 나타날 수 있다. 응결은 원두에 곰팡이를 발생시켜 향미를 떨어뜨리므로 커피 수출업자들에게는 최대의 적이다. 최악의 경우에는 운송물 전체에 복구 불가능한 피해를 입힐 수도 있다. 하물며 건조 과정을 거쳐 적절한 수분 함량(다시 말해 12퍼센트 이하)에 맞춰진 생두라고 해도, 부적절한 환경 조건에서는 곰팡이가 피기에 충분한 습기를 재흡수할 수 있다.

한편 로스팅한 원두는 훨씬 변질에 약해서 로스팅한 지 겨우 2주가 지나면 냄새와 맛이 퀴퀴해지기 시작한다. 원두 속의 지방질이 산화되기 때문이다. 로스팅한 원두를 최적의 향미와 신선도로 맛보려면 공기와 빛, 습기와 열기를 피해 밀폐해놓고 산화가 시작되기 전에 소비해야 한다(89쪽 참조).

많은 사람들이 로스팅하지 않은 생두를 섭취하는 건 불가능하다고 생각하지만, 오래전부터 여러 문화권에서 생두를 커피 추출 말고도 다양한 방식으로 이용해왔다.

생두는 뛰어난 식물성 항산화제인 클로로겐산의 주된 식품 공급원 중 하나다. 게다가 연구에 따르면 클로로겐산은 생물학적 이용 가능성이 높은데, 다시 말해 인체에서 신진대사가 잘 이루어진다는 뜻이다.[14] 따라서 건강식품 업계에서는 다양한 영양제와 건강 증진을 위한 식생활 보충제에 생두 에센스를 사용해왔다. 현재 생두는 심장 건강에서 체중 감량까지 여러 가지 목적의 치료제나 보조제로 홍보되고 있다. 정확히 말해서 생두가 '기적의 치료약'은 아니라 해도, 어느 정도 건강에 효력이 있다는 것은 분명한 사실이다.

인간을 대상으로 실시한 어느 연구에 따르면 생두 에센스는 고혈압을 억제한다고 하며,[15] 인간과 동물을 대상으로 한 또 다른 연구는 생두가 비만과 당뇨에 도움이 될 수 있음을 암시한다.[16] 생두 에센스가 비만 전 단계 성인의 체중 감량을 돕고 과체중 성인이 비만에 이르지 않게 해준다는 실험 결과들도 있다. 또 한 실험은 커피 섭취를 2형 당뇨병 발병률 감소와 연결 짓는다. 이런 주장들이 아직 심층 연구를 통해 입증되지는 못했지만, 유익한 것으로 추정되는 원두 속 화학 물질과 화합물의 함량이 로스팅 이전 상태에서 더 높다는 것만은 확실하다.

---

14 Farah, A., Monteiro, M., Donangelo, C. M., and Lafay, S. 2008. 'Biochemical, Molecular and Genetic Mechanisms: Chlorogenic Acids from Green Coffee Extract are Highly Bioavailable in Humans.' *The Journal of Nutrition* 138 (12): 2309~2315

15 Watanabe, T., Arai, Y., Mitsui, Y., Kusuara, T., Okawa, W., Kajihara, and Y., Saito I. 2006. 'The blood pressure-lowering effect and safety of chlorogenic acid from green coffee bean extract in essential hypertension.' *Clinical and Experimental Hypertension* 28 (5): 439~449

16 Vinson, J., Burnham, B., and Nagendran, M. 2012. 'Randomized, double-blind, placebo-controlled, linear dose, crossover study to evaluate the efficacy and safety of a green coffee bean extract in overweight subjects.' *Diabetes, Metabolic Syndrome, and Obesity: Targets and Therapy*, 5, 21~27

결점두 골라내기

생두를 사서 집에서 로스팅하면 당신의 입맛과 취향에 맞는 커피를 만들 수 있다. 하지만 확실한 결과를 위해서는 처음에 질 좋은 생두를 골라야 하며, 로스팅하기 전에 결점두를 골라낼 줄 알아야 한다.

생두에서 발견되는 결점두의 다수는 경작과 수확, 가공의 여러 단계에서 일어난 실수의 결과다. 확인해야 할 결점두의 주요 유형들은 다음과 같다.

전체 혹은 일부가 검은 것

말 그대로 검고 불투명하다. 썩은 열매에서 나온 것으로 시거나 퀴퀴하거나 텁텁한 향미를 낸다. 생두 한 알의 절반 이상이 이런 경우에는 전체가 검은 것으로, 절반 이하인 경우에는 일부가 검은 것으로 분류한다. 이 같은 결점은 커피 열매가 너무 익어서 씨앗이 과발효되었거나 열악한 환경에서 가공되었을 때 나타난다.

전체 혹은 일부가 쉰 것

노르스름하거나 불그스름하거나 갈색을 띠며 식초처럼 시큼한 향미를 낸다. 절반 이상이 이런 상태면 전체가 쉰 것으로, 절반 이하면 일부가 쉰 것으로 분류한다. 결점두 중에서도 최악의 유형으로 여겨지는데, 전체가 쉰 것이 한 알만 섞여 있어도 커피 한 주전자 전체를 망칠 수 있기 때문이다.

냄새나는 것

분쇄되면 썩은 냄새와 맛을 내는데, 대부분 과발효되어 박테리아나 곰팡이에 감염된 경우가 많다. 배치batch, 1회 로스팅할 분량의 원두. 전체를 오염시키고 나아가 '위생적인' 커피를 대량으로 망쳐놓을 수 있는 결점두이다. 유감스럽게도 겉보기에는 멀쩡하기 때문에 가장 골라내기 어려운 결점두 유형 중 하나다.

막대/돌멩이
막대나 돌멩이 등 일정 크기 이상의 이물질이 섞여 있으면 그 배치 전체는 결점두로 간주된다.

깍지/열매
열매와 분리되지 않은 채 최종 단계를 통과한 생두는 결점두로 분류된다. 대체로 가공 과정에서 기계의 부적절한 관리나 오작동으로 발생한다.

파치먼트
위와 비슷하게, 기계의 부적절한 관리나 오작동으로 내과피(파치먼트)가 완전히 벗겨지지 않은 채 가공이 끝난 유형이다.

껍질
역시 기계의 부적절한 관리나 오작동 때문으로 가공이 끝난 생두에 과육 일부가 마른 채 붙어 있는 유형이다.

벌레 먹은 것
벌레가 열매 속에 알을 낳은 뒤 부화한 애벌레가 열매를 갉아먹은 흔적이나 구멍이 남아 있는 유형이다. 텁텁하고 퀴퀴하며 신 향미를 낸다.

시든 것(덜 익은 것)
성장할 때 수분 부족의 결과로 작게 쪼그라들어 건포도처럼 보이는 유형이다. 원두에 많이 섞이게 되면 풀과 같은 향미를 내며, 로스팅해도 다른 원두처럼 까맣게 되지 않는다.

원두 등급 매기기

생두의 등급과 분류에 있어 국제적으로 정해진 단일 기준은 없지만, 많은 국가들이 미국 스페셜티 커피 협회의 아라비카 생두 분류 시스템SCAA GACCS에 명시된 규칙을 따르고 있다. 이 시스템은 전반적인 특성을 평가하는 컵 퀄리티와 결점두 간의 상호 관계를 참작하고 있으나, 워낙 고려해야 하는 요소가 많은 까닭에 아직도 완벽하다고는 할 수 없다.

분류 규칙이 국가별로 다르긴 하지만, 대부분의 국가는 다음 측면들을 고려하여 원두의 등급을 결정한다. 식물학적 품종, 경작지의 지리적 위치와 고도, 가공 방식, 원두의 크기와 모양과 색과 밀도, 결점두, 컵 퀄리티 등이다.

로스팅

로스팅은 커피 생산 공정에서 결정적인 단계로, 원두의 화학적 복잡성을 대폭 증대하여 아로마와 향미를 발산시킨다.

고온 로스팅 과정에서는 여러 가지 화학 반응이 일어난다. 그중에서도 일명 '마이야르 반응'이 발생하면 아미노산과 당류, 펩티드, 단백질이 결합하거나 분해하면서 다양한 아로마 분자 화합물이 생성되어 커피의 주요 향미를 이룬다. 생두에는 250여 가지의 아로마 분자 화합물이 들어 있는데, 이는 로스팅 과정에서 800가지 이상으로 늘어난다.

로스팅의 효과

원두는 로스팅 과정에서 가장 극적인 색 변화를 거친다. 처음에는 녹색 계열에 가깝던 원두에서 김이 나오며 최초의 색 변화가 일어난다. 원두를 가열하면 1차 크랙 현상이 일어나기 전까지는 녹색이 빠지면서 노란색에 가까워진다. 원두에서 구수한 향이 나기 시작하면서 노란색에 갈색이 섞여들기 시작하는데, 갈색에 가까워질수록 원두가 아주 조금씩 팽창해간다. 바로 이때 마이야르 반응이 일어난다. 1차 크랙이 일어날 때쯤엔 원두가 연갈색에 가깝지만 여전히 불균일한 색을 띠며, 채프커피 씨앗의 가장 바깥쪽 껍질인 은피가 가공을 마친 뒤에도 원두의 가운데 홈 안쪽에 남아 있는 것.가 눈에 띄게 얇아진다.

1차 크랙이 완료되면 원두는 팽창하고 색이 전체적으로 고르게 변하기 시작한다. 이 단계에서 원두는 갈색이 되며, 2차 크랙에 가까워질수록 점점 더 짙은 색을 띨 것이다. 2차 크랙이 일어날 무렵이면 원두에서 커피 오일이 스며 나오며 표면에 살짝 기름기가 돌기 시작한다. 이 단계

마이야르 반응

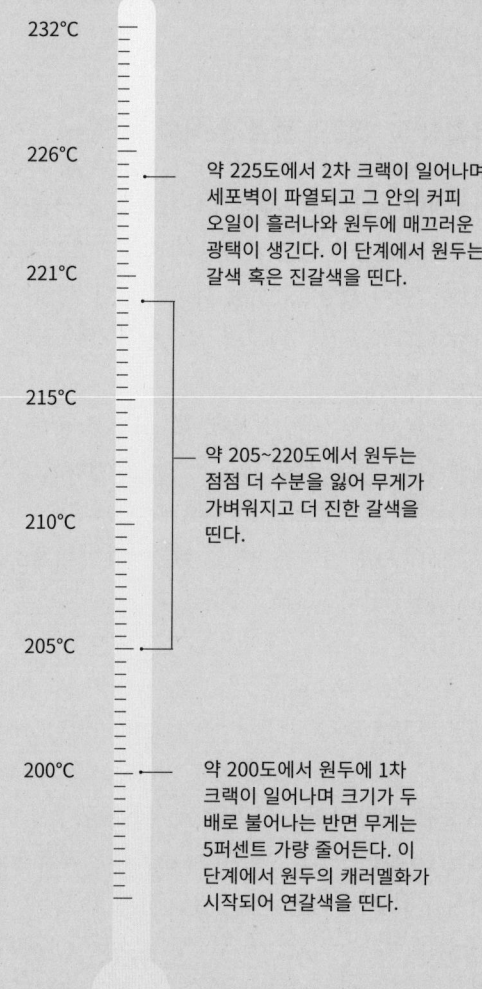

232°C

226°C — 약 225도에서 2차 크랙이 일어나며, 세포벽이 파열되고 그 안의 커피 오일이 흘러나와 원두에 매끄러운 광택이 생긴다. 이 단계에서 원두는 갈색 혹은 진갈색을 띤다.

221°C

215°C

210°C — 약 205~220도에서 원두는 점점 더 수분을 잃어 무게가 가벼워지고 더 진한 갈색을 띤다.

205°C

200°C — 약 200도에서 원두에 1차 크랙이 일어나며 크기가 두 배로 불어나는 반면 무게는 5퍼센트 가량 줄어든다. 이 단계에서 원두의 캐러멜화가 시작되어 연갈색을 띤다.

생두에 열을 가하면 구워지면서 팝콘 같은 냄새를 풍기며 서서히 노란색을 띠어간다.

에서 원두는 로스팅 특유의 향미가 강해지며 진갈색을 띤다.
　원두를 이대로 계속 가열해서 강배전하면 당류가 전부 캐러멜화되어 숯이나 재 같은 향미가 두드러지지만, 이 단계에서는 미묘한 향미의 상당 부분이 사라지게 된다.

유럽식 및 '제3의 물결' 방식의 로스팅

전통적인 유럽식 로스팅은 1차 크랙 완료 시점과 2차 크랙의 중간 시점 사이에서 멈추는데, 구체적인 시점은 목적한 향미 프로필에 어느 정도의 로스팅이 요구되는지에 따라 다르다. 아라비카와 로부스타 원두는 각각 로스팅 시간이 다르며, 로스팅 시간이 길어질수록 향미는 더 깊고 강렬해진다.
　'제3의 물결' 커피 운동은 새로운 로스팅 방식을 탐구하여 전통적인 유럽식 로스팅과 아주 다른 스타일을 개발해냈다. 하지만 사용되는 기계나 실제 로스팅 과정은 크게 다르지 않다. 두 가지 방식의 결정적 차이는 로스팅을 어느 단계까지 하는지에 달려 있다.
　'제3의 물결'이라는 명칭은 2000년대가 시작될 무렵 만들어졌다. 1990년대 미국에서 커피 장인이 운영하는 카페 창업의 1차 붐이 일어난 직후였다. '제1의 물결'은 분쇄 원두와 인스턴트커피가 최초로 전 세계의 가정에 널리 받아들여진 시기를, '제2의 물결'은 에스프레소 머신과 스타벅스 같은 글로벌 커피 대기업이 확산된 시기를 가리킨다. '제3의 물결' 커피 운동은 커피 생산과 소비를 수제 식품 운동과 연계시키기 위한 현대적 이상을 지닌다. 이 운동은 커피를 단순히 카페인 섭취 시스템이나 설탕과 우유를 넣은 음료로 여기는 대신 원두 각각의 장점을 가치 있게 여기는 사람들에게 고품질 소량 생산 커피를 공급하는 데 집중한다. 이 운동에 참여하는 사람들은 개인 농장에서 원두를 구해오고, 원두의 가공 방식과 품종과 생산지에 유의하며, 모든 원두에서 최상의 결과를 끌어내는 데 열정적으로 헌신하고 기술이 뛰어난 적임자들을 직원으로 고용한다. '제3의 물결' 커피 운동은 특히 약배전으로 유명한데, 이에 참여하는 로스터들은 원두의 종류를 막론하고 딱 1차 크랙이 일어난 직후까지만 로스팅한다. 이렇게 로스팅한 원두는 노란색에서 갈색까지 다양한 색을 띠는데, 전통적인 유럽식으로 로스팅한 원두의 윤기 나는 진갈색 표면과는 크게 다르다.

전통적인 로스터들은 로스팅을 거쳐서 나타난 향미에 집중하는 데 반해, '제3의 물결' 커피 운동은 우선적으로 해당 커피 품종과 원산지, 자연 조건에 기인한 근본적 향미에 관심을 둔다. 이 운동가들은 원두의 독특하고 고유한 향미를 끌어내어 강조하기 위한 배합과 로스팅에 노력을 집중한다. '제3의 물결' 커피 로스터들은 종종 강배전으로 형성된 커피의 맛이 여러 품종 간의 미묘한 차이를 압도해버리며, 따라서 강배전 커피의 맛은 점점 더 밋밋해진다고 평가한다. 그들의 주장에 따르면 원두는 질이 높을수록 약배전으로 로스팅해야 하는데, 1등급 원두의 섬세한 향미가 로스팅 과정에서 손실되게 하는 것은 무의미하기 때문이다. 많은 로스터들은 강배전이 커피 맛을 쓰게 하며 2차 크랙이 일어날 때까지 로스팅한 원두는 숯이나 재 같은 향미를 띤다고 믿는다.

하지만 이처럼 다른 두 종류의 로스팅 유형 모두 똑같이 질 좋은 커피를 만들 수 있다. 단지 소비자 개인의 향미 취향에 따라 선택하면 된다.

로스팅의 유형

오랜 시간에 걸쳐 다양한 로스팅 유형이 개발되어 고유의 명칭을 얻었고, 때로는 해당 유형을 특별히 선호하는 나라의 이름을 따오기도 했다. 예를 들어 전통적인 '이탈리안'과 '프렌치' 로스팅은 대체로 강배전인 반면, 중배전은 종종 '아메리칸' 로스팅으로 알려져 있는데 이 정도의 로스팅이 미국에서 가장 선호되기 때문이다.

일부의 책이나 웹사이트, 커피 회사에 따르면 가능한 로스팅의 종류는 한정적이라고 하지만, 사실 그 한정된 종류도 다양하게 조합할 수 있다. 로스팅 유형은 흔히 원두의 색으로 분류하지만, 원두가 로스팅 이후에 어떤 색을 띠는가 하는 문제에는 원두 자체의 유형도 크게 작용한다. 예를 들어 건식법으로 처리한 원두는 대개 균일한 색으로 로스팅되지 않아서 로스팅의 시각적 분류가 어렵다. 다양한 원산지에서 나온 여러 커피 변종은 로스팅 과정에서 고유한 시각적, 후각적 특성을 드러낸다. 예를 들어 수마트라 종 원두는 실제로는 강배전을 거친 뒤에도 흔히 연한 색을 띠므로 겉모습만 보면 헷갈리기 쉽다.

로스팅한 원두의 색	외관	일반적인 명칭	향미 프로필
노르스름하다	건조하다	시나몬	바디가 매우 가볍다. 로스팅 과정에서 미처 특별한 향미가 발현되지 않아 원산지 고유의 향미가 두드러진다.
노란색과 갈색 사이	건조하다	아메리칸 레귤러	원두 안의 당이 캐러멜화되어 바디가 무거워지기 시작한다. '제3의 물결' 커피 로스터들이 선호하는 단계이다. 원산지의 특성이 한결 두드러진다.
갈색	건조하되 군데군데 기름이 맺혀 있다	아메리칸 브렉퍼스트	원산지의 특성이 두드러진다. 바디가 묵직하고 캐러멜화가 잘되었다.
갈색에서 진갈색	윤기가 나기 시작한다	시티, 풀 시티, 비엔나	2차 크랙이 일어나고, 로스팅에서 나온 향미가 원산지 특유의 향미를 따라잡거나 압도한다. 일반적인 로스팅 방식으로 여겨지며 대부분의 원두가 이 단계에 맞춰진다.
진갈색	전체적으로 윤기가 난다	콘티넨털, 유러피언, 이탈리안, 프렌치	로스팅에서 나온 향미가 압도적이다. 산미는 거의 사라지고 향미 화합물이 발산되면서 바디가 가벼워진다.

다양한 원두들이 각각 다양한 속도와 온도로 로스팅되며, 그 과정의 특정한 단계에서 고유한 시각적, 후각적 특성을 드러낸다. 로스터들은 동일한 원두를 로스터 자신과 고객 개인의 취향에 맞춰 다양한 온도에서 로스팅하며 다양한 결과물을 얻으려고 시도한다.

그러므로 원두의 색을 보고 로스팅 유형을 대략 파악할 수 있지만, 시각적 근거만으로 항상 정확한 판단을 내리긴 어렵다. 일반적으로 로스팅 단계를 더 잘 파악하는 방법은 원두의 외관을 살피는 것이다. 원두에 윤기가 돌수록 로스팅에서 나온 향미가 강할 것이다. 색과 윤기가 흐린 원두는 1차 크랙 직전이나 직후까지만 로스팅되었을 것이며, 반면 특별히 윤기가 나는 원두는 로스팅에서 나온 향미가 짙어지는 2차 크랙 직전이나 그 이후까지 로스팅되었을 것이다.

로스팅 기계

76쪽의 표에 설명된 단계에 맞춰 커피 원두를 로스팅하려면 어느 정도의 전문적 설비가 필요하다. 로스팅 기계는 다양한 규격으로 생산되지만 모두 동일한 기본 구조에 따라 만들어진다. 첫째, 원두 주위의 공기와 환경에 열을 가하며 로스팅 내내 온도가 일정하게 유지되도록 조절할 수 있는 불꽃. 둘째, 원두가 고르게 로스팅되도록 회전하는 드럼 혹은 열풍칸. 셋째, 불에서 떨어져 나온 원두를 즉시 식혀 조리 과정이 중단되게 하는 건조기.

커피 로스팅 기계는 주로 두 종류가 있다. 뜨거운 공기 속에서 원두를 빙빙 회전시키며 뒤집는 드럼식, 그리고 구멍 뚫린 칸에 담긴 원두 가운데로 열풍을 불어넣으며 원두를 뒤집는 열풍식이다. 양쪽 모두 한 번에 대량의 생두를 로스팅할 수 있도록 대형인 경우가 일반적이다. 소형 로스팅 기계는 보통 소량의 생두를 로스팅하고 시음하는 데 쓰이며, 가정에서 직접 커피를 로스팅해보고 싶어 하는 커피 애호가들에게도 인기가 좋다.

> "약배전 원두는 드립, 필터, 프렌치 프레스 등의 추출 방식에 가장 어울린다. 강배전 원두는 대체로 에스프레소 머신과 모카포트를 위한 것이다."
>
> _매튜 퍼거, 월드 챔피언 바리스타, 오스트레일리아 세인트 앨리 앤드 센서리 연구소

로스팅 기계

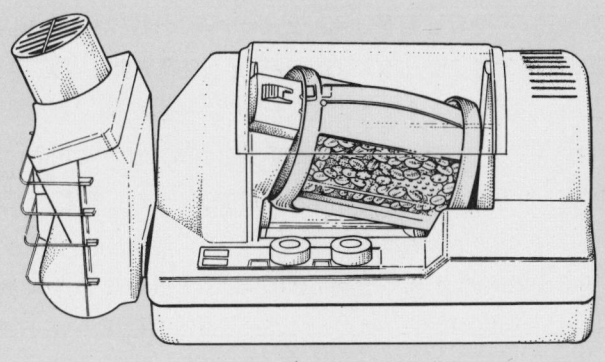

드럼식

열풍식

분쇄

많은 이들이 커피를 만드는 데 있어 그라인더를 가장 중요한 도구 중 하나로 꼽는다. 질 낮은 그라인더는 당신의 커피 맛을 크게 떨어뜨릴 수 있다. 원두를 고르게 분쇄할 수 있는 그라인더를 구입하는 것은 아주 중요하다.

원두 분쇄기는 주로 두 가지로 분류되는데 블레이드식과 버Burr식이다. 블레이드 그라인더는 원두를 회전시키며 잘게 부수는 반면, 버 그라인더는 말 그대로 원두를 곱게 갈아 원두 안에 들어 있는 화합물을 더욱 많이 발산시킨다. 하지만 혹자는 버 그라인더로 간 커피가 종종 더 쓰다고 주장하기도 한다. 이는 아마도 추출 과정에서 물과 접촉하는 커피의 표면적이 더 넓기 때문일 것이다.

블레이드 그라인더
이런 구조의 그라인더는 저렴하지만, 원하는 분쇄 단계가 어느 정도인지 눈으로 보고 판단할 수 있는 사람만 사용 가능하다. 오래 갈수록 곱게 분쇄되므로, 선택한 추출 방식에 적합한 정도로 분쇄하려면 원두가 얼마나 갈렸는지 계속 주시하면서 적절한 타이밍을 찾는 수밖에 없다. 블레이드 그라인더는 원두를 가는 것이 아니라 다지는 식이므로 종종

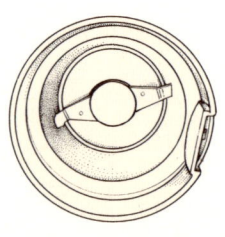

블레이드 그라인더

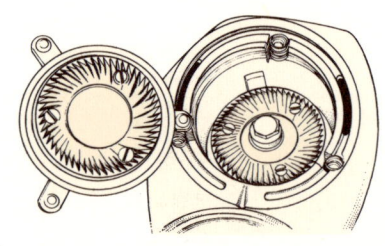

버 그라인더

분쇄한 원두가 고르지 않으며 추출물도 덜 균일하다. 블레이드 그라인더로는 에스프레소 머신이나 터키식 커피에 적합할 만큼 곱게 원두를 갈기가 어렵다.

버 그라인더

블레이드 그라인더와 달리 모든 목적에 맞게 원두를 분쇄할 수 있다. 원두를 분쇄하는 버burr의 간격을 원하는 정도로 조절하면 그에 맞춰 균일하게 갈린 결과물을 얻을 수 있다. 이점은 추출 도구가 에스프레소 머신일 경우 특히 중요한데, 불균일하게 갈린 커피를 포터필터<u>분쇄 커피를 담아서 에스프레소 머신의 헤드에 장착하는 기구</u>.에 채우면 물이 제대로 여과되지 않아서 원두의 일부는 과다 추출되어 쓴맛을 내는 한편 나머지는 과소 추출될 수 있기 때문이다.

 원두의 온도 또한 향미 프로필을 유지하는 데 중요한 요소이다. 원두가 분쇄되는 동안 너무 뜨거워지면 커피 오일과 아로마가 손실되기 쉽지만, 대부분의 분쇄기는 이런 상황을 막기 위해 원두가 일정 온도 이상 가열되지 않도록 되어 있다. 원두는 항상 커피를 만들기 직전에 분쇄해야 한다. 분쇄 과정에서 발산된 커피 오일과 아로마는 금세 변질되기 때문이다. 보통 분쇄 후 15분 내로 커피를 만드는 것이 적절하다.

분쇄 단계와 추출 방식

원두를 분쇄하는 방식과 분쇄 정도는 최종적으로 만들어진 커피의 카페인 함량에 막대한 영향을 미친다. 원두를 곱게 갈수록 물과 접촉하는 표면적이 넓어지며 따라서 카페인이 더 많이 추출된다.

 당신이 선호하는 추출 방식에서 최적의 향미를 끌어내기 위해 다양한 분쇄 단계를 선택할 수 있다. 82쪽의 도판은 여러 가지 추출 방식에

분쇄의 7가지 기본 단계

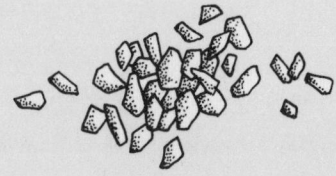

아주 거친 분쇄
콜드브루

거친 분쇄
프렌치 프레스, 커핑

약간 거친 분쇄
케멕스대표적인 드립 커피메이커.

중간 분쇄
드립, 필터

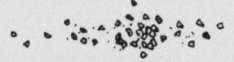

약간 고운 분쇄
핸드드립, 사이펀, 진공식 커피메이커

고운 분쇄
모카포트, 에스프레소 머신, 에어로프레스

아주 고운 분쇄
터키식

맞는 이상적인 분쇄 단계를 간략하게 보여준다. 하지만 일부 기계나 도구의 경우 특정한 분쇄 유형에 맞춰야 하므로 생산업체에서 제공하는 사용설명서의 추가 설명을 확인하도록 한다.

원두가 목적에 맞게 분쇄되었는지 눈과 손으로 확인해보는 바리스타들도 많지만, 대부분은 분쇄한 원두를 에스프레소 머신에 넣고 추출되는 속도에 따라 분쇄 단계를 조절한다. 투입하는 분쇄 원두의 양과 추출 시간을 측정한 다음, 둘 중 하나라도 정해진 범위를 넘어갈 경우 분쇄 단계를 달리해야 한다.

에스프레소 머신에 집에서 분쇄한 원두를 사용할 경우, 커피가 너무 빨리 추출되면 그 과정을 늦추기 위해 더 곱게 분쇄한 원두를 써야 한다. 반대로 커피가 너무 느리게 추출되면 원두를 더 거칠게 분쇄한다.

커피 맛이 살짝 시큼하다면 그 원인은 종종 과소 추출 때문이다. 에스프레소 머신 외의 추출 방식을 사용할 경우, 더 곱게 분쇄한 원두를 쓰면 같은 시간에 더 많은 커피를 추출할 수 있다. 맛이 쓴 커피의 경우도 마찬가지다. 원두나 기구 혹은 추출 방식 때문일 수 있지만 과다 추출 때문일지도 모른다. 이 경우 원두를 더 거칠게 갈아서 추출 속도를 늦춘다.

분쇄 단계를 정할 때는 원두를 보존한 환경 조건 또한 고려해야 한다. 다양한 온도와 습도에 따라 원두가 각기 다른 반응을 일으키므로 분쇄 단계를 조절할 필요가 생긴다. 이것은 원두에 흡습성, 즉 공기 중의 습기를 빨아들이는 특성이 있기 때문이다. 습기를 빨아들여 부풀어오른 원두는 분쇄하여 포터필터에 채워넣었을 때 더 조밀해서 물이 여과되는 속도를 늦추고 과다 추출로 이어질 가능성이 있다. 그렇기 때문에 카페에서는 매일 아침 기계를 재조정해야 하며, 가정의 개인 바리스타도 날마다 환경 조건에 따라 원두의 분쇄 정도를 조절해야 한다. 모닝커피를 내릴 때마다 주의 깊게 지켜보고, 뭐라도 문제가 생기면 이 책의 3장을 참조하여 원두 분쇄 정도를 조절하자.

DIY 커피

DIY 혹은 처음부터 끝까지 직접 만드는 음식이란 많은 이들에게 흥미롭고 유쾌할 뿐만 아니라 개성을 추구할 수 있게 해준다. 커피 역시 마찬가지이기에, 당신만의 커피 종류나 유형을 만들기 위해 온갖 실험을 다 해볼 수 있다.

최근의 수제 식품 운동은 식품의 품질 향상, 그리고 식품 생산 과정에 관한 대중의 인식을 일깨웠다. 점점 더 많은 사람들이 자신이 먹을 음식을 직접 만드는 데 적극적으로 참여하고 싶어 한다. 한 사람의 커피 애호가는 프렌치 프레스나 모카포트밖에 없는 사람일 수도 있고 수동 피스톤식 에스프레소 머신에서 최고 품질의 버 그라인더까지 모든 것을 구비한 최고의 감식가일 수도 있지만, 아무튼 커피 생산에 대한 대중의 관심은 급증하고 있다.

집에서 커피를 만들어 마시는 사람이라면 누구나 어느 정도 DIY를 실천하고 있는 셈이다. 많은 이들이 날마다 새로 커피를 내리지만, 거기서 한 걸음 더 나아가고 싶다면 어떻게 해야 할까? 그래야만 커피 소비자로서 자신의 정확한 취향에 맞추어 모닝커피를 섬세하게 조정할 수 있지 않겠는가?

당연히 원두를 집에서 직접 로스팅하는 것도 가능하며, 모든 면에서 당신이 원하는 커피에 딱 맞춰지도록 조정할 수 있다. 하지만 그러려면 제일 먼저 생두를 구입해야 한다. 인터넷에 믿을 만한 판매처가 많이 있으며, 한번 검색만 해봐도 인기 있는 곳을 알아낼 수 있다. 하지만 생두를 구입한 다음에는 또 주의 깊게 골라내야 한다(69~71쪽에서 어떻게 결점두와 최고 등급의 원두를 파악하고 골라내는지 알 수 있다). 생두 배치를 골라서 구입했다면, 그다음 단계는 어느 정도의 로스팅 단계로 시작할지 결정하는 것이다(75~77쪽 참조). 예를 들어 원산지의 특성이 명확한 최고급 아라비카 원두라면 약배전을 시도해보도록 하고, 좀 더 강한 향미를 선호한다면 아마도 강배전이 입에 맞을 것이다.

DIY 로스팅 방식

집에서 커피를 로스팅하는 방식은 여러 가지로, 당신이 전문가용 도구에 투자할 의사가 있는지 아니면 그냥 일반적 가전제품을 활용하고 싶은지에 따라 다르다. 예를 들어 원두를 가스나 전기 레인지 위에서 프라이팬으로 로스팅할 수도 있고, 아니면 전문가들이 쓰는 소량 샘플용 로스팅 기계를 구입할 수도 있다.

오븐

오븐으로 로스팅한 커피는 대체로 불균일한 편이지만 흥미로운 향미를 발산할 수 있다. 피자용 팬처럼 미세한 구멍이 있는 베이킹 트레이에 원두를 깔고 오븐을 260도로 예열한다. 오븐 외부의 온도계로 온도가 정확히 맞춰졌는지 확인한다. 베이킹 트레이를 오븐의 중간 칸에 넣고 7분쯤 기다리면 원두가 1차 크랙 단계(73쪽 참조)에 이르는데, 팝콘이 터질 때와 비슷한 소리가 들릴 것이다.

  1차 크랙 이후에는 원두를 주의 깊게 살펴보면서 당신이 원하는 로스팅 유형보다 아주 살짝 연한 색이 될 때까지 기다린다. 원두는 오븐에서 꺼낸 뒤에도 식기 전까지 계속 로스팅되므로, 당신이 원하는 원두 색에 너무 가까워질 때까지 방치하지 않도록 주의한다. 어떤 경우에든 원두를 20분 이상 로스팅해선 안 된다. 커피 맛이 밋밋해지기 때문이다.

팝콘 기계

가정에서 전열기를 사용할 때는 항시 위험이 도사리고 있기 마련이다.

그런데 이 방식은 특히 굉장히 위험할 수 있으므로 추천하긴 어렵다. 굳이 팝콘 기계로 원두를 로스팅하겠다면 몇 가지 안전상의 주의사항을 잊지 말자. 다음의 내용을 전문가의 충고로 받아들여선 안 되며, 실행하는 건 전적으로 당신의 책임이다.

원두 로스팅은 본질적으로 팝콘을 튀기는 것과 비슷하다. 따라서 팝콘 기계를 가정에서 원두 로스팅 기구로 활용할 수도 있지만, 특정 종류의 팝콘 기계만 사용 가능하다. 아래쪽에서 그물망을 통해 금속 용기 안으로 열풍을 불어넣는 방식의 기계는 사용하면 안 된다. 원두에서 떨어져 나온 채프에 불이 붙어 심각한 위험을 일으킬 수 있기 때문이다. 양쪽에 공기구멍이 있어서 그리로 밀려나온 채프가 팝콘이 나오는 구멍 앞 접시로 모이게 되는 팝콘 기계를 찾도록 하자.

한 번에 넣을 수 있는 팝콘 알만큼 원두를 재서 기계 안에 넣는다. 4분쯤 후 1차 크랙이 일어나며, 원두가 당신이 원하는 로스팅 정도에 거의 다다랐을 때쯤 기계가 멈출 것이다. 로스팅을 하는 동안 계속 기계 앞에 있어야 한다. 로스팅이 끝나면 원두를 체에 쏟아 빠르게 뒤섞으며 식힌다.

프라이팬
프라이팬 사용은 원두를 로스팅하는 전통적인 방식이다. 원두를 프라이팬에 담아 불 위에 올리고 고르게 로스팅되도록 뒤섞어주기만 하면 된다. 이 방식은 대체로 가장 힘이 드는데다 만들어진 커피의 컵 퀄리티도 가장 낮으며, 로스팅 중에 화상을 입지 않도록 주의해야 한다. 먼저 프라이팬을 260도로 달군다. 오븐용 온도계를 프라이팬 안쪽에 놓고 온도가 정확히 맞춰졌는지 확인한다. 팬에 원두를 올리고 뚜껑을 덮은 다음 로스팅하는 내내 흔들어가며 계속 움직여준다. 5분쯤 걸리며, 중간에 잠시라도 멈추면 원두가 고르지 않게 로스팅될 수 있다. 앞의 다른 방식

DIY 로스팅 방식

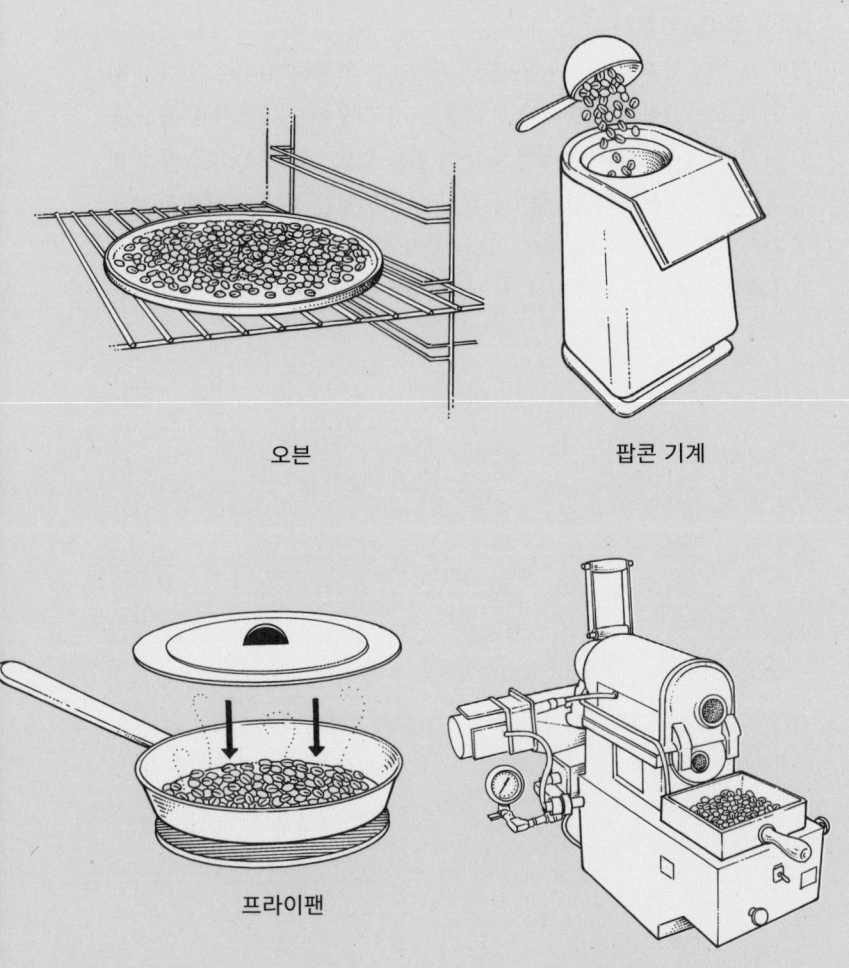

들과 마찬가지로 원두의 색이 원하는 정도보다 조금 연할 때 팬을 불에서 내리고 바로 체에 쏟아 식힌다.

샘플용 로스팅 기계
커피 로스팅 업체들은 상업용 대용량 기계를 가동하기 전에 소량의 원두를 테스트 삼아 로스팅해야 하는데, 이런 경우에는 그야말로 최소 용량의 기계가 필요하다. 특정한 유형의 원두에 딱 들어맞는 로스팅 방법을 찾는 과정에서 원두의 낭비를 막기 위해 사용되는 작은 샘플용 로스팅 기계를 구입하여 가정에서 DIY 커피를 만들 수 있다. 전문가용 기계이므로 커피를 정확하고 고르게 로스팅해줄 것이다.

보관

모든 식료품이 그렇듯 원두 또한 어떤 환경에서 저장하느냐에 따라 커피를 추출했을 때 느껴지는 향미와 아로마와 식감이 크게 달라진다. 특히 공기, 습도, 열과 빛은 반드시 조절되어야 한다.

원두가 변질되는 가장 흔한 이유는 공기에 노출되는 것이다. 원두 배치를 구입하면 1일분씩 소분하여 밀폐 용기에 보관하는 것이 좋다. 대용량 원두는 대형 밀폐 용기에 담아두고 소형 용기가 빌 때마다 그리로 조금씩 옮겨 담는다. 이렇게 하면 원두가 산소에 노출되는 횟수를 줄여 변질을 많이 늦출 수 있다. 원두는 종이봉지에 담아두지 않는 것이 좋은데, 종이는 공기가 통과 가능하기 때문이다. 공기를 차단하려면 튼튼한 호일이나 플라스틱이 더 좋은 선택지다.

원두를 최적의 상태로 보관하려면 습기 또한 반드시 막아야 한다. 로스팅한 원두가 습기에 노출되면 거의 즉시 변질되어 곰팡이 감염이 발생할 수 있다. 습기의 위험을 방지하기 위해 조심해야 할 것은 단지 눅눅함이나 습도만이 아니다. 온도의 급격한 변화는 응결 현상을 일으킬 수 있으므로 원두를 냉장고나 냉동고에 보관해선 안 된다.

일부 자료에 따르면 원두를 냉장하면 신선한 상태로 보관할 수 있다고 하지만, 사실 냉장은 오히려 원두에 해롭다. 꼭 대용량 원두를 구입해야 하는 경우라면, 최후의 수단으로 원두를 지퍼백에 넣어 최대한 공기를 뺀 상태로 한 달가량 냉동해둘 수는 있다. 이 경우 냉동고 안은 항상 어둡기 때문에 빛을 차단하는 효과도 함께 볼 수 있다.

원두를 열기로부터 차단하는 것은 생각처럼 쉬운 일이 아니다. 온도 변화가 심한 지역에 사는 경우, 원두가 일정한 온도로 보관되어 있다고 확신하기란 어렵다. 최선의 방법은 집 안에서 가장 서늘한 곳(찬장 뒤쪽

같이)이나 최대한 바닥에 가까운 곳을 찾는 것이다. 열원은 물론이고 온도 변화를 일으킬 수 있는 온수 파이프나 배수로 등이 가까이 있어선 안 된다. 보관 장소는 원두를 해로운 빛으로부터 지킬 수 있는 어두운 곳이어야 한다.

   원두는 로스팅하고 나면 곧바로 변질되기 시작하므로, 로스팅 직후에 원두를 구입해서 1~2주 내로 소비하는 것이 중요하다. 신선한 원두를 쉽게 구분하려면 그냥 포장을 살펴보고 밸브가 있는지 확인하면 된다. 로스팅한 원두는 이산화탄소를 배출하기 때문에 원두 포장에는 가스가 차서 터지는 사고를 막기 위해 밸브가 달려 있다. 한편 진공 포장된 원두의 경우에는 사전에 이산화탄소를 모두 배출시켜야 하므로 잠시 휴지시켰다가 포장한다. 이로 인해 진공 포장 커피는 운송과 상점 진열 단계에서 더 오래 보존되지만, 포장될 때 이미 최적의 상태를 지난 뒤이기 마련이다. 따라서 신선한 원두를 구하는 가장 확실하고 안전한 방법은 지역 로스팅 업체에서 조금씩 구입하는 것이다.

   원두는 항상 분쇄하지 않은 상태로 구입하여 보관해야 한다. 최상급 원두나 스페셜티 원두도 좋지만, 이미 분쇄된 상태라면 커피를 내렸을 때 절대 신선한 원두와 같은 향미를 느끼지 못할 것이다. 필요할 때 필요한 만큼만 분쇄하고, 나머지 원두는 유리나 도자기로 된 진공 용기에 담아 서늘하고 어두운 곳에 둔다.

인스턴트커피

인스턴트커피는 로스팅하고 분쇄한 원두를 퍼콜레이터여과식 커피메이커. 끓는 물이 가운데 있는 파이프를 타고 위쪽의 분쇄 원두 속으로 올라가고, 추출된 커피는 다시 떨어져 아래쪽에 모인다.와 비슷한 방식으로, 다만 훨씬 진하게 추출해서 만든다. 컵에 든 물에 타기만 하면 바로 커피가 완성되는 이 꺼끌꺼끌한 가루는 두 가지 다른 방식으로 생산된다.

추출한 커피는 분무 건조 혹은 동결 건조로 처리한다. 양쪽 모두 제품을 일정한 상태로 오래 유지하기 위한 방법인데, 건조로 액체를 제거하여 고형 커피만 남기는 것이다. 분무 건조는 추출한 커피를 건조한 열풍에 분사하여 액체를 증발시키고 기계 아래쪽에 고운 분말 커피가 남도록 한다. 분말 상태 그대로 포장하기도 하지만, 때로는 분말을 모아서 섭취하기 편한 과립 형태로 압축하기도 한다. 동결 건조는 추출한 커피를 얼려서 진공 상태로 두고 액체를 뽑아낸다. 커피는 과립 형태로 쪼개진 뒤 포장되어 운송된다. 일부 연구에 따르면 두 가지 방식 중에 동결 건조가 더 커피의 향미를 잘 보존한다고 한다.[17]

인스턴트커피는 대체로 평판이 좋지 않다. 그러나 추출 과정에서 일어나는 농축 때문에 원두에서 갓 추출한 커피보다 항산화 성분이 더 많다는 주장도 있다. 하지만 일반적으로 인스턴트커피를 탈 때 넣는 물의 양 때문에 결과적으로 인스턴트커피와 원두커피의 항산화제 비율은 비슷해진다. 즉 인스턴트커피 한 잔은 건조를 통해 향미와 아로마를 온전히 보존한 퍼콜레이터 커피 한 잔과 동일한 셈이다.

인스턴트커피에 대한 부정적 견해는 아마도 대체로 다음과 같은 사

---

17 Muller, P. G. (1990). *North American Food Processing Technologies*. Ottawa: Inter-American Institute for Cooperation on Agriculture.

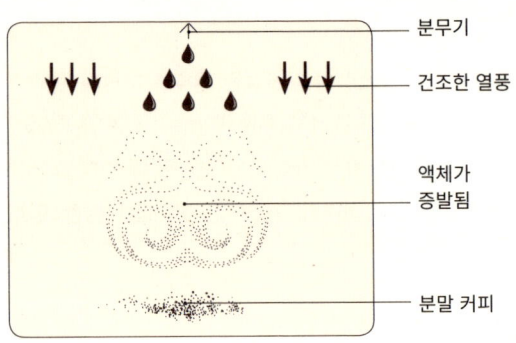

실 때문일 것이다. 인스턴트커피는 싸구려 제품으로 여겨져서 종종 질 낮은 원두가 사용되기 때문에, 기본 원료의 한계로 인해 어떤 방식으로 커피를 타든 맛있게 만들기가 불가능하다는 것이다. 이따금 다양한 커피 브랜드에서 인스턴트커피 상품 홍보에 나서기도 하지만, 많은 시장에서 인스턴트커피가 특유의 저렴한 이미지를 떨쳐내기란 상당히 어려운 일이다.

영국 같은 일부 국가에서는 인스턴트커피가 좀 더 긍정적으로 받아들여지는데, 고급 원두 그리고/또는 아라비카 원두를 사용하는 브랜드들이 있어 전반적으로 품질이 높기 때문이다. 2012년 영국에서는 가정을 대상으로 한 커피 시장의 80퍼센트 이상을 인스턴트커피가 차지했으며[18] 일부 브랜드의 인스턴트커피는 실제로 분쇄 원두로 내린 커피보다 한 잔당 가격이 더 높았다. 모든 종류의 커피 소비에 있어 그러하듯, 당신이 매일 마시는 커피에 무엇을 원하는지 그리고 어떤 커피가 그것을 가장 잘 제공하는지를 정확히 파악하여 현명한 소비자가 되도록 하자.

---

18 Mintel Business Market Research Report on Coffee – Uk, April 2012

4장
추출과 균형

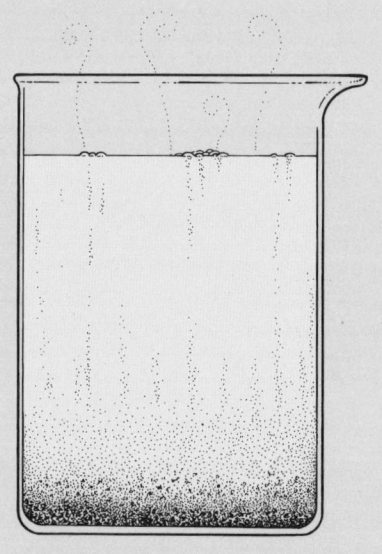

추출 방식

커피의 긴 역사와 세계적 인기는 원두를 음료로 바꾸는 수백 가지 방식을 탄생시켰다. 화톳불에 냄비를 얹고 물과 분쇄한 원두를 넣어 달이는 단순한 방식부터 시작하여 커피 추출은 지금까지 많은 발전을 해왔다. 다양한 도구와 기계로 조금씩 다른 커피를 만들 수 있지만, 본질적으로 커피 추출에는 네 가지 주요 방식이 있다. 필터식, 달임식, 압력식, 침출식이다.

드립 혹은 필터

커피 추출의 기본 방식은 분쇄한 원두를 필터에 담아 얹어놓고 그 위로 뜨거운 물을 붓는 것이다. 원두를 걸러내는 필터에는 천에서 금속, 종이까지 다양한 재질이 사용된다. 원두 가루에 스며든 물은 가용성 지방과 화학 물질, 아로마를 녹여낸 뒤 주전자나 컵 안에 떨어진다. 드립 추출에는 편리한 것부터 번거로운 것까지 여러 가지 방식이 있다. 그중 인기 있고 손쉬운 한 가지 방식은 자동 드립 커피메이커를 쓰는 것이지만, 이렇게 만든 커피는 별로 맛이 없다고 평가된다. '제3의 물결' 커피 전문가들은 핸드드립 같은(153쪽 참조) 스페셜티 드립 추출 방식을 유행시켰는데, 이로 인해 스페셜티 카페나 가정에서 커피를 싱글 컵 드립으로 내리는 방식이 선호되기에 이르렀다.

필터에 내린 커피는 다른 방식의 커피보다 지방질이 적은데,[19] 즉 필터 추출 커피가 에스프레소보다 커피 오일 함량이 적다는 것이다. 커피 오일이 적으면 커피가 더 산뜻하지만, 지방질이 풍부한 커피의 짙고 진한 식감을 선호하는 사람들도 있다. 필터 추출 방식의 대부분은 중간 단

---

19 Ratnayake, W., Hollywood, R., O'Grady, E., and Stavric, B. 1993. 'Lipid content and composition of coffee brews prepared by different methods.' *Food and Chemical Toxicology* 31 (4): 263~269

계, 즉 모래나 식탁용 소금 정도의 굵기로 고르게 분쇄한 원두를 써야 한다.

터키식

그리스, 아프리카, 중동, 터키와 러시아에서도 비슷한 방식을 사용하지만, 이 방식은 흔히 터키식으로 알려져 있다. 특별한 주전자(117쪽 참조)에 물과 분쇄 원두를 넣고 한 번 끓인 다음 불에서 내렸다가 다시 올린다. 커피가 다 우려질 때까지 온도를 조절하기 위해서다. 원두는 에스프레소 머신에 쓰는 것보다 곱게 분쇄해야 하는데, 이 정도로 곱게 분쇄하려면 전통적인 터키식 수동 그라인더나 질 좋은 버 그라인더가 필요하다. 터키식 커피는 무척 진하며, 조심하지 않으면 과다 추출되기 쉽다.

퍼콜레이터

퍼콜레이터란 일종의 커피포트로, 아래쪽을 가열하면 물이 끓어 분쇄 원두 속으로 여러 차례 솟구쳐 올라갔다가 식으면서 다시 아래로 흘러 내려오게 되어 있다(129쪽 참조). 추출하는 동안 커피가 끓으면서 지나치게 뜨거워질 수 있는데, 이로 인해 과다 추출이 일어나기 쉬우니 원두는 거칠게 갈아야 한다. 퍼콜레이터로 커피를 끓일 경우 3분을 넘기지 않도록 한다. 안 그러면 쓰고 떫은맛이 날 수 있다.

에스프레소

에스프레소 머신은 가장 높이 평가받는 커피 추출 기구 중 하나다. 에스프레소 추출에는 다양한 방식이 있지만 원리는 모두 동일하다. 곱게 분쇄한 원두에 고온 고압의 물을 투과시켜 농축되고 향미와 아로마가 짙은 액체, 즉 에스프레소 샷을 추출하는 것이다.

에스프레소 머신에는 곱게 분쇄한 원두를 사용하는데, 과다 혹은 과소 추출을 피하려면 추출 조건과 속도에 따라 분쇄 정도를 정확히 조절해야 한다. 원두는 로스팅 유형에 상관없이 사용할 수 있지만, 이탈리아에서는 강배전을 선호하는 반면 미국의 커피업자들은 약배전으로 기우는 성향이 있다.

모카포트(122쪽 참조)는 가정에서 간단하게 에스프레소를 추출하는 기구로, 이탈리아에서 가장 일반적인 커피 추출 방식이다. 모카포트로 에스프레소를 만들려면 원두를 일반적인 에스프레소 머신용 원두보다 살짝 거칠게, 즉 드립용 원두와 유사하게 갈아야 한다.

좀 더 최근의 발명품인 에어로프레스는 에스프레소 머신과 프렌치 프레스(아래 항목 참조)를 결합시킨 것으로 두 개의 실린더와 고운 종이 필터로 구성되어 있다. 큰 실린더 아랫면에 필터가 있고 실린더 위쪽으로 원두를 넣는다. 큰 실린더 안에 다른 실린더를 밀어넣으면 커피가 추출되어 컵 안으로 흘러내린다. 에어로프레스는 에스프레소와 비슷하게 진한 커피를 추출한다고 알려져 있으며 미세 필터가 있어 프렌치 프레스보다 침전물이 적다. 에스프레소 머신용 원두보다 살짝 더 곱게 분쇄한 원두를 사용한다.

프렌치 프레스

'카페티에르cafetière'라고도 불리는 이 기구는 침출식으로 커피를 추출한다. 거칠게 분쇄한 원두를 뜨거운 물에 담가놓고, 커피가 다 우려지면 플런저를 눌러 원두 찌꺼기를 필터 아래 모은다. 프렌치 프레스로 내린 커피는 침전물이 비교적 많이 남는 편이지만, 질 좋은 버 그라인더를 쓰면 원두가 고르게 갈려서 필터를 통과하는 침전물의 양도 줄어든다. 프렌치 프레스로 커피를 내리면 10분 내로 따라 마셔야 한다. 원두 찌꺼기가 커피 속에 잠겨 있어서 플런저를 누른 다음에도 커피가 계속 추출되기 때문이다.

콜드브루

토디나 필트론돌 다 침출식 더치커피 추출 기구의 상품명. 등 몇몇 기구는 찬물을 사용한다. 추출 속도가 느려서 24시간까지도 걸리며, 그 결과 얻어진 까맣고 짙고 진한 액체를 뜨거운 물이나 찬물, 우유와 섞어 마신다. 필터와 플러그가 끼워진 추출 용기에 분쇄 원두와 찬물을 담는다. 12시간 후에 플러그를 빼면 커피가 아래쪽 피처로 걸러져 나온다.

 콜드브루 커피는 산도가 낮다. 커피 오일과 지방산의 일부는 고온에서만 물에 녹기 때문이다. 하지만 에스프레소나 프렌치 프레스 커피 애호가라면 콜드브루는 다소 향미가 떨어진다고 느낄 것이다. 고온에서 추출되는 커피 오일이야말로 향미 프로필에 확연한 영향을 미치기 때문이다.

 이 방식은 추출 시간이 오래 걸리기 때문에 거칠게 분쇄한 원두를 사용해야 한다.

용해도

다양한 향미 분자의 용해도는 알아두어야 할 중요한 과학 법칙이다. 용해도를 이해하면 추출과 향미의 관계를 파악하는 데 도움이 되기 때문이다. 또한 어떤 향미가 발현되는지에 따라 당신이 만든 커피를 분석해서, 마침내 완벽한 커피 한 잔이 만들어질 때까지 원두 투입량과 방식을 계속 조정할 수 있게 해준다.

용해도와 관련된 주요 개념은 두 가지인데, 업계에서는 총 용존 고형물total dissolved solids, TDS과 추출 수율extraction yield로 통한다.

총 용존 고형물은 퍼센트로 표시되며, 커피 한 잔에 얼마나 커피 고형물이 녹아 있는지를 의미한다. 즉 커피의 농도이다. 일반적으로 커피 한 잔에는 가용성 커피 고형물이 1.20~1.45퍼센트 포함되어 있으며 나머지는 물이다. 에스프레소는 커피가 아주 진하게 농축된 형태이므로 총 용존 고형물의 비율도 무척 높다. 당도계나 농도 측정기를 구입하여 커피에 든 고형물의 비율을 측정할 수 있다. 너무 높거나 낮은 수치는 과다 추출이나 과소 추출을 의미한다.

원두 자체의 용해도는 보통 30퍼센트 정도이며, 나머지는 대부분 추출 과정에 녹아 나오지 않는 셀룰로스다당류의 일종.이다. 추출 수율이란 분쇄 원두로부터 빠져 나온 커피 물질의 비율이며, 이상적인 범위는 가용성 커피 물질의 18~22퍼센트다.

커피 추출 조정표

다음 쪽에 실린 커피 추출 조정표는 이상적인 커피 한 잔을 만들기 위해 사용할 수 있는 가장 중요한 수단 중 하나로, 당도계나 농도 측정기와 함께 사용하면 개인의 취향에 맞춰 커피 투입량과 추출 방식을 과학적으로 조절할 수 있다. 이 표가 에스프레소를 제외한 여타 추출 방식에 맞춰 만들어졌다는 사실에 유의하자. 에스프레소는 농축 커피로 용해도가 훨씬 높기 때문이다. 미국 스페셜티 커피 협회와 유럽 스페셜티 커피 협회가 설정한 이상적 농도는 다소 차이가 있다.

우선 물 1킬로그램(1리터 혹은 4¼컵)과 그에 맞는 비율의 커피로 시작한다. 예를 들어 물 1킬로그램에 커피 60그램(⅔컵)을 쓴다고 가정해보자. 추출 방식을 선택하여 커피를 내린 다음 당도계나 농도 측정기로 커피 한 잔의 커피 물질 용해도를 확인한다. 그런 다음 표를 참조한다. 표 위쪽의 60그램에서부터 대각선을 따라 당신이 측정한 퍼센트 수치까지 가고, 거기서 다시 세로로 내려가 추출 수율을 확인한다. 60그램

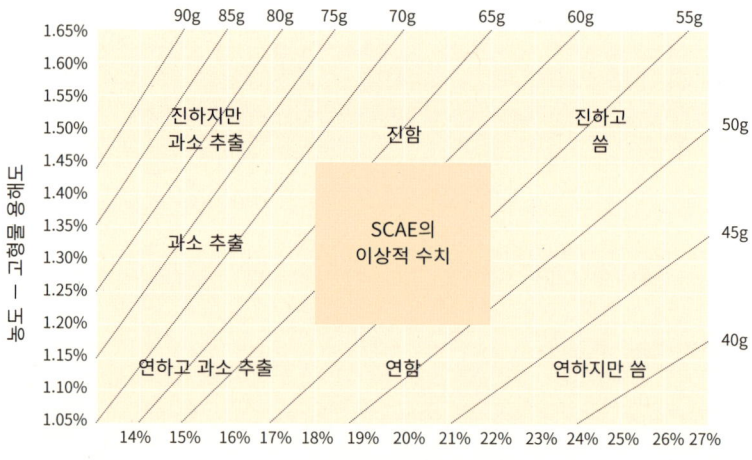

커피 추출 조정표

유럽 스페셜티 커피 협회(SCAE) 제공

에서 대각선을 따라 1.10퍼센트에 도달한 다음 세로로 내려가면 추출 수율 16퍼센트가 나온다. 즉 이 표에 따르면 해당 커피는 연하고 과소 추출되었으며, 가용성 물질 수율을 18~22퍼센트로(이상적으로는 20퍼센트 내외) 끌어올릴 필요가 있다고 확인된다. 이렇게 하려면 원두를 더 곱게 분쇄하거나 추출 시간을 더 길게 해서(혹은 두 가지 다 적용해서) 가용성 커피 고형물의 농도를 높여야 한다.

추출

커피는 무엇보다도 균형이 중요하다. 커피 추출에는 여러 화합물들이 용해되면서 균형 잡힌 향미를 만들어내는 명확한 단계들이 있다. 이 단계 중 무엇이라도 생략되거나 줄어들면 향미 프로필에 영향을 미친다.

대부분의 사람들은 너무 진한 커피는 무조건 과다 추출된 것으로 간주한다. 이것은 잘못된 생각이다. 100쪽의 커피 추출 조정표에서 볼 수 있듯 커피는 진하면서 동시에 과소 추출될 수도 있다. 추출 정도는 커피의 농도가 아니라 향미, 그리고 추출 단계별로 녹아 나오는 각기 다른 화합물과 연관되기 때문이다. 단계별로 다른 화합물이 추출되므로, 낮은 추출 수율은 나중에 추출되는 가용성 물질이 미처 녹아나오지 못했다는 뜻이며 따라서 과소 추출과 향미의 불균형으로 이어진다.

예를 들어 커피 한 잔의 추출 수율이 25퍼센트로 측정되었다고 하자. 엄밀히 말하면 과다 추출로 간주될 텐데, 함유된 가용성 물질 비율이 너무 높기 때문이다. 반면 에스프레소 샷의 추출 수율이 17퍼센트로 측정

크레마

에스프레스 머신으로 커피를 내릴 경우 이 추출 방식 고유의 부산물인 크레마가 생긴다. 크레마란 고압의 물줄기가 포터필터에 꽉꽉 눌러담은 분쇄 원두 사이로 밀려나오면서 유화乳化시킨 커피의 지방질과 로스팅한 원두에서 분출되는 이산화탄소 가스가 더해진 결과물이다. 크레마는 질 좋은 커피의 상징으로 여겨지는데, 원두는 로스팅 이후 짧은 시간만 이산화탄소를 배출하며 따라서 크레마를 보면 원두가 최근에 로스팅되었음을 확인할 수 있기 때문이다.

하지만 그 밖에도 여러 다른 요소가 크레마에 영향을 미친다는 걸 알아두자. 커피 품종, 원산지의 위치, 가공 방식 등은 원두에 함유된 당류와 지방질을 변화시키며, 결과적으로 이산화탄소 농도와 상관없이 크레마의 양과 형태를 바꿀 수 있다.

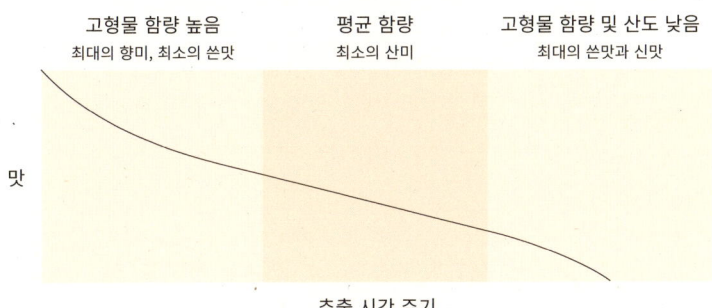

되었다고 하자. 물론 에스프레소는 물이 훨씬 적게 들어 있고 따라서 일반적인 커피보다 훨씬 진하다. 물에 비해 총 용존 고형물의 비율이 훨씬 높기 때문이다. 하지만 실제로 추출되어 커피에 함유된 가용성 물질의 비율은 훨씬 낮은 것이다.

커피가 진하면서 동시에 과소 추출되는 일반적인 원인 하나는 원두 투입량이 많고 추출 시간은 너무 짧은 경우이다. 일반적으로 추출 과정의 후반에 용해되는 커피 물질들이 미처 원두에서 녹아 나오지 못하고, 물에 비해 원두가 너무 많은 탓에 1단계 가용성 물질의 비율이 높기 때문이다.

거꾸로 커피가 연하면서 동시에 과다 추출되거나 쓸 수도 있다. 이는 물에 비해 원두가 너무 적어 가용성 커피 물질의 비율이 충분하지 못하지만, 추출 시간이 길어서 원두에 함유된 가용성 물질이 높은 비율로 녹아 나온 결과이다. 이런 경우 이상적인 20퍼센트가 아니라 22~26퍼센트에 이르는 가용성 물질이 원두에서 녹아 나오며, 따라서 커피는 쓴맛이 나게 된다.

커피 추출 조정표에 나타난 최적 범위에 맞게 커피를 조정하기 위해서는 종종 여러 차례의 실험이 필요하다. 고려해야 할 변수가 많기 때문이다. 다양한 추출 방식 그리고/혹은 환경 조건은 일관성을 유지하기 어렵게 하며, 그로 인한 변화가 아무리 사소하다 해도 당신이 마시는 커피의 균형을 떨어뜨릴 수 있다.

가용성 향미 그룹

그렇다면 이런 가용성 물질은 추출 과정과 커피의 향미에 어떤 영향을 미칠까? 미국 스페셜티 커피 협회의 전 상임이사이자 커피 업계의 선구자인 테드 링글은 최초로 분자량에 따라 커피의 향미를 분류했다. 이 분류는 향미 분석을 통해 커피가 과다 혹은 과소 추출되었는지 확인함으로써 균형 잡힌 맛을 찾아가는 데 도움이 된다. 그 결과는 아래의 네 가지 그룹이다.

과일산
꽃이나 과일 같은 향이 난다. 향미 분자 중 가장 가벼운 부류이며 추출 과정에서 가장 먼저 녹아 나온다.

마이야르 화합물
과일산보다 조금 더 늦게 녹아 나온다. 로스팅 과정의 부산물로 커피에 고소하게 구워진 견과류나 엿기름 같은 향미를 부여한다.

갈변한 설탕/캐러멜 성분
달콤한 바닐라나 초콜릿, 캐러멜의 향미를 발산한다. 로스팅 과정에서 당류의 대부분이 캐러멜화되는데, 커피의 단맛은 주로 이를 통해 형성된다. 달콤쌉쌀한 강배전 원두에 함유된 것과 같이 고도로 캐러멜화된 당류는 추출하는 데 더 오랜 시간이 걸린다.

건류 성분
강배전 원두에서 두드러지며 특히 진한 캐러멜화 물질과 마이야르 화합물로 이루어져 있다. 탄 듯하고 매캐하며 숯이나 담배 같은 향미가 느껴진다. 가장 늦게 녹아 나오는 물질로 농도가 높을 경우에는 다른 미묘한 향미들을 압도해버릴 수 있다.

 당도계나 농도 측정기 없이 오직 커피의 맛과 위의 네 가지 향미 그룹만으로도 추출 수율을 대강 짐작할 수 있다. 당신이 마신 커피에 건류 성분이나 쌉쌀한 캐러멜의 특성이 강하게 나타난다면 과다 추출된 커피라고 짐작할 수 있다. 거꾸로 커피가 너무 새콤하거나 과일향이 강하다면 아마도 과소 추출된 커피일 것이다. 둘 다 가용성 물질이 균형을 이루지 못한 상태이다.

비율

미국 스페셜티 커피 협회에서 규정한 권고사항에 따르면 커피와 물의 기본 비율은 분쇄 원두 10그램(2큰술)당 물 170그램(¾컵)이어야 한다. 하지만 실제로는 추출 방식과 원두의 유형에 따라 그 절반 정도의 원두만 필요할 수도 있다.

    커피에 관련된 모든 계량은 부피가 아니라 무게를 기준으로 삼는 것이 가장 좋다. 원두는 크기나 밀도가 일정하지 않으며 숟가락으로 뜰 때마다 조금씩 양이 다르기 때문이다. 처음에는 커피와 물의 비율을 1대 17, 혹은 원두 10그램(2큰술)당 물 170그램(¾컵, 일반적인 커피잔의 용량)으로 잡고 시작해보자. 에스프레소 머신은 싱글 샷이나 더블 샷에 적정량의 물이 나오도록 처음부터 설정되어 있는 경우가 많지만, 정확한 비율을 맞추려면 분쇄 원두를 무게 단위로 계량하여 포터필터에 담아야 한다.

    에스프레소 샷을 내릴 때 분쇄 원두의 이상적인 분량이 몇 그램인지는 전문가들마다 의견이 다르며, 사용하는 기구와 원두의 유형에 따라서도 필요량은 달라질 수 있다. 하지만 많은 사람들이 동의하는 대략적 기준에 따르면 포터필터의 크기에 따라 싱글 샷에는 원두 7~8그램(약 1½큰술)을, 더블 샷에는 원두 14~16그램(약 3큰술)을 넣도록 한다. 최근의 새로운 스페셜티 카페나 로스팅 업체 여러 곳은 이를 전통적인 유럽식 기준으로 간주하며 커피 투입량이나 방식에 있어 큰 차이를 보인다. 유행을 선도하는 카페에서는 더블 샷이 표준처럼 되어가고 있으며, 소비자들이 싱글 샷을 원할 경우에는 따로 요구를 해야 한다. 바리스타들은 종종 지역의 소형 로스팅 업체에서 훈련을 받는데, 이런 곳들은 '제3의 커피' 운동 원칙에 부응하여 더블 샷에 원두 18~20그램(약 ¼컵)을 투입하기를 권고한다.

이 같은 추천 커피 비율은 참고사항일 뿐이다. 주방용 디지털 저울(134쪽 참조)을 사용하면 선호하는 커피의 농도와 추출 방식에 맞춰 적정량의 원두를 계량할 수 있다.

물

물은 커피 한 잔의 98~99퍼센트를 차지하는 가장 중요한 구성 요소 중 하나다. 커피를 추출하는 모든 단계에서 물의 양과 온도, 종류를 통제해야 맛있는 커피를 만들 수 있다.

커피를 내릴 때 증류수를 사용해선 안 된다. 커피 맛에 필수적이며 추출 과정에 도움이 되는 미네랄 성분이 완전히 제거된 물이기 때문이다. 게다가 증류수는 산도가 5~6pH로 비교적 높은 편이므로 부식성을 띠며 추출 기구에 손상을 입힐 수 있다.

반대로 센물도 피해야 하는데, 미네랄 성분이 석회질 칼슘 침전물을 생성하여 커피메이커 내부가 막힐 수 있기 때문이다. 정제錠劑나 그 밖의 방법으로 연화시킨 물도 피하는 것이 좋다. 연화에 사용되는 나트륨 이온이 젤라틴 같은 덩어리를 만들어 기계 내부가 막힐 수 있다.

물의 종류

커피를 내릴 때는 필터로 여과한 물이 최적의 선택이다. 물병이나 싱크대에 달려 있는, 혹은 별도로 판매하는 탄소 필터는 화학 물질과 침전물을 걸러주되 주요 미네랄 성분은 남겨놓는다. 병에 담긴 생수도 커피를 만들기에 적합하지만, 미네랄 농도가 50~150ppm인지 확인해야 한다. 미네랄 농도가 이 정도여야 커피를 추출하기에 너무 세지도 연하지도 않은 맛 좋은 물이기 때문이다. 커피를 만드는 데 사용할 수 있는 물의 최대 미네랄 농도는 300ppm이다.

온도

온도를 알맞게 맞추는 것도 중요하다. 뜨거운 물은 분쇄 원두에 함유된 가용성 고형물을 용해시켜 커피에 향미와 아로마를 부여하는 화학 물질과 성분을 추출해내기 때문이다. 커피를 내릴 물의 이상적인 온도는 91~95도이며 물이 95도에 가까울수록 커피 맛이 좋아진다. 끓는점 혹은 100도에 가까운 물을 사용하면 커피에서 쓴맛이 나기 쉽고, 91도 이하의 물을 사용하면 과소 추출로 연하고 밍밍한 커피가 되기 마련이다. 강배전 원두일수록 낮은 온도에서도 좋은 결과를 내서, 온도를 정확히 맞춰 물을 데우기 어려운 저렴한 커피 기계에 사용하기 적합하다.

물을 적정 온도에 가깝게 맞추는 쉬운 방법은 물이 끓은 후 주전자를 30~60초 정도 열원에서 떼어놓는 것이다. 이렇게 하여 온도를 적정 범위까지 낮출 수 있다. 주전자 종류나 주변 온도에 따라 온도를 낮추는 데 필요한 시간이 달라지므로, 더 정확한 방법은 주전자에 온도계를 넣고 온도가 적정 범위까지 떨어지는 데 얼마나 걸리는지 재는 것이다.

사전 적시기 prewetting

드립이나 필터 추출 방식에서는 분쇄 원두를 먼저 뜨거운 물로 살짝 적셔야 한다. 수분과 열기가 원두에서 이산화탄소를 배출시켜 추출에 적합한 상태로 만들고, 원두가 약간의 수분을 빨아들여 부피가 커지면서 추출이 시작된다. 원두 위로 거품이 올라오기 때문에 '블루밍 blooming'이라고도 불리는 가스 배출은 로스팅한 원두에서 자연스럽게 발생하는 현상이지만 뜨거운 물을 더하면 그 속도가 더 빨라진다. 이것은 원두가 얼마나 신선한지 확인하기에 좋은 방법이기도 한데, 블루밍이 적게 일어날수록 로스팅한 지 오래된 원두이기 때문이다.

분쇄 원두의 사전 적시기와 다양한 커피 추출 방식에 대해서는 6장의 상세 설명을 참조하자.

균형 맞추기

지금까지 커피와 관련하여 용해도, 추출, 비율, 물에 대해 알아보았다. 그런데 이 모든 정보들이 어떻게 해서 최고의 커피를 만드는 확실한 방법으로 변환되는 것일까? 정답은 한마디로 균형이다. 향미의 균형, 추출의 균형, 그리고 측정의 균형.

향미와 추출의 균형

이 장 앞쪽에서 살펴보았듯이, 커피의 향미와 아로마 화합물은 추출 과정에서 여러 단계에 걸쳐 녹아 나온다. 일부 가용성 물질은 물과 열을 가하는 즉시 용해되고, 다른 물질은 시간이 더 지난 후에야 녹아 나온다. 이를 확인하는 완벽한 방법은 에스프레소 샷을 내려보는 것이다. 무게를 계량하고 샷이 완전히 추출될 때까지의 시간을 정확히 측정한 다음, 다시 한 번 샷을 준비하여 추출되는 커피를 세 단계로 나누자. 예를 들어 첫 번째 샷이 27초 만에 완벽하게 추출되었다면 두 번째 샷은 각각 9초씩 잔 세 개에 나눠서 추출한다. 첫 번째 잔, 즉 추출의 $1/3$단계는 진하고 기름지며 산미를 띠어 시큼할 것이다. 두 번째 잔, 즉 추출의 $2/3$단계는 당류와 캐러멜이 풍부하게 느껴질 것이다. 그리고 세 번째 잔은 묽고 쓸 것이다.

쓴맛이 덜한 커피가 좋다면 마지막 3단계 도중에 샷 추출을 중단해보자. 반대로 쓴맛이 강한 게 좋다면 샷이 더 오래 추출되도록 하자. 처음에 정확하게 추출하기만 하면 이 같은 3분할 샷 시험을 통해 원하는 향미의 균형을 알아낼 수 있다.

추출 과정 자체도 온도, 추출 수율, 시간, 총 용존 고형물 등 연관된 여러 요소 간의 균형을 요구한다. 각각의 요소가 적정 범위에 맞춰져야만 한다.

측정의 균형

제빵에서 그러하듯이, 분쇄 원두나 물을 계량할 때 몇 그램 차이가 완성된 커피의 균형을 완전히 망가뜨릴 수도 있다. 에스프레소의 경우 심지어 1그램 차이로도 커피가 과다 혹은 과소 추출될 수 있으므로, 최대한 정확하게 보정된 에스프레소 머신도 일정한 샷을 보장해주진 못한다. 하지만 원두가 정확히 계량되고 분쇄 정도가 고르며 주변 환경에 변동이 별로 많지 않다면 매번 일정한 에스프레소 샷을 추출해낼 수 있다. 레귤러 커피도 마찬가지다. 개인의 입맛에 맞는 물과 분쇄 원두의 비율을 확인하고 정확히 계량한다면 매번 일관되고 균형 잡힌 커피를 맛볼 것이다.

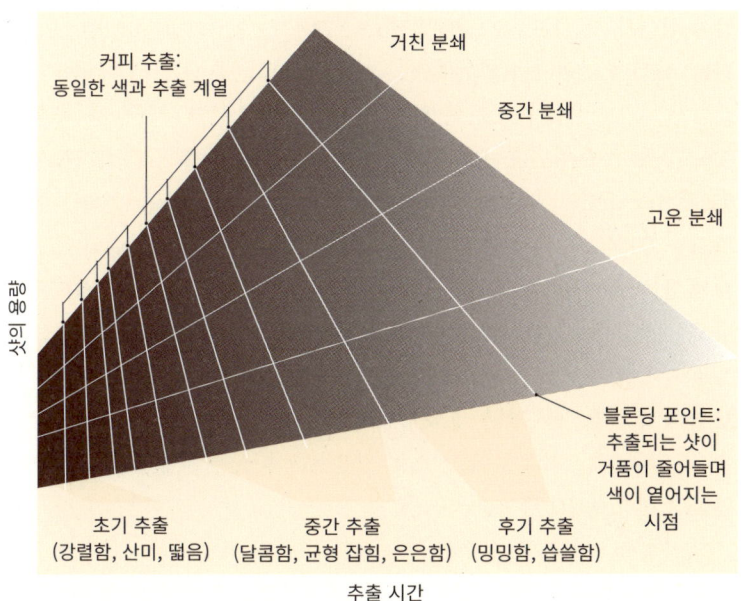

아로마와 향미

음료로서 커피는 단독으로 소비되며 그 자체의 장점 때문에 사랑받지만, 커피를 식사 중이나 식후에 즐기는 경우도 많다. 하지만 커피의 특정한 향미를 끌어내기 위해 음식과 조합하는 다양한 방식이 있으며, 거꾸로 음식에 커피를 맞추기도 한다.

음식과 함께 섭취할 때면 커피는 흔히 음식보다 덜 중요한 존재로, 단순히 식후의 음료나 흡사 사족처럼 여겨진다. 하지만 때로는 판을 뒤집어 음식을 커피를 돋보이게 하기 위한 수단으로 생각해볼 수도 있다. 예를 들어 이탈리아에서는 커피를 한 모금 마실 때마다 조금씩 갉아먹는 작은 쿠키가 함께 나온다. 이렇게 하면 단맛이 커피에 직접 더해지지 않아 향미를 가리지 않으므로 변질되지 않은 순수한 커피 맛을 즐길 수 있다. 쿠키가 남긴 설탕의 달콤한 뒷맛은 커피의 향미를 뒤덮어버리는 것이 아니라 강조해주는 정도다.

전통적인 쿠키나 케이크 외에도 커피의 향미를 돋워주는 음식들이 있다. 예를 들어 커피를 시리얼 바와 함께 먹으면 커피의 견과류와 과일 향미가 강조되며, 진한 강배전 커피의 쓴맛은 말린 과일이나 다크 초콜릿의 달콤함과 훌륭한 조화를 이룬다. 이렇게 먹는 커피의 맛은 와인과 비슷하다. 원두 각각의 미묘한 향미를 강조하기 위해 개발된 과학적 공정을 이용해서, 커피의 아로마와 향미와 식감과 산미를 감별하고 다양한 음식에 조합할 수 있다.

음식과의 조합

식품화학자와 과학자들은 음식의 조합을 광범위하게 연구해왔으며, 서로 유사한 향미와 아로마 화합물을 함유한 식품과 음료가 잘 어울린다는 사실을 확인했다. 앞에서 보았듯이 커피는 종종 와인처럼 베리류나 초콜릿, 과일, 감귤 향을 띤다고 묘사되는데, 이 같은 주요 향미에 따라 그와 어울리는 향미를 가진 음식을 조합할 수 있다. 예를 들어 바디가 묵직하고 향신료, 초콜릿, 견과류 같은 향을 띤 커피는 크리미하고 달콤한 디저트나 질 좋은 초콜릿과 잘 어울린다. 반습식법(36쪽 참조), 건식법 혹은 전통식 방법(32쪽 참조)으로 처리한 커피는 핵과나 베리류의 향과 단맛이 강해서 가벼운 패스트리나 과일과 어울린다. 감귤 향이 진한 커피는 말린 살구나 오렌지, 레몬 케이크와 어울린다. 바닐라향이 나는 따뜻한 커피는 라이스 푸딩이나 꿀, 캐러멜, 와플, 팬케이크와 잘 어울린다. 하지만 커피의 향미는 추출 방식에 따라 달라지며, 이것이 커피의 다양한 측면을 강조하는 또 다른 방법이라는 점을 잊지 말자.

음식에 맛있는 커피를 돋보이게 하는 잠재력이 있는 것처럼, 커피도 음식을 강조해줄 수 있는 잠재력을 갖고 있다. 커피와 음식의 조합을 시도해보는 가장 좋은 첫걸음은 하나의 향미에 같은 향미를 맞춰보는 것이다. 초콜릿 향미의 커피를 초콜릿과, 베리류 향미의 커피를 라즈베리와 맞춰보자. 이로부터 더 나아가며 좋은 음식 조합을 찾아낼 수 있다. 예를 들어 라즈베리와 초콜릿, 민트는 잘 어울리는 조합이므로 베리류의 향미가 있는 커피는 초콜릿 민트 쿠키와 잘 어울릴 것이다.

이런 간단한 접근법을 통해 어울리는 음식과 커피를 쉽게 찾을 수 있다. 향미와 아로마를 분석하는 능력을 개발하는 것이 가장 중요하다. 114~115쪽에 실린 향미 바퀴는 서술적 분석 기술을 갖추는 데 큰 도움이 될 것이다.

맛 감별을 위한 향미 바퀴

바디

가벼움	묽음
	차TEA와 비슷
	순함
	매끄러움
	촉촉함
보통	부드러움
	우유 2퍼센트
	달달함
	무난함
	크리미함
무거움	진함
	감칠맛
	강렬함
	씹히는 맛
	겹겹

꽃향기: 레몬그라스, 오렌지 꽃, 재스민 인동일, 목련, 라벤더, 로즈힙, 히비스커스, 베르가모트

식물성: 홉, 녹차, 민트, 세이지

흙냄새: 건더, 까지완두, 스위트피, 버섯, 호박, 피망, 올리브, 잎채소, 건초, 담배, 삼나무, 목재, 흙, 막 쪼갠

풀냄새

감칠맛: 토마토, 말린 토마토, 간장, 고기, 가죽, 정향, 감초·아니스, 카레, 육두구, 생강, 고수, 계피, 백후추, 흑후추, 숯

향신료

불맛: 연기, 설탕, 탄 토스트, 빵 구운, 골, 보리, 몰트, 캐러멜, 다크 캐러멜, 달콤한 패스트리, 그레놀라, 바닐라, 버터스카치, 메이플, 꿀, 설탕, 캐서츠, 배건과일

물

견과류

커피의 맛 감별을 위한 향미 바퀴는 커피에서 느껴지는 다양한 향미와 맛을 구분할 수 있게 해준다. 이 바퀴를 활용하면 향미 파악에 도움이 되며 훨씬 더 정확하게 커피를 묘사할 수 있다. 또한 당신이 마시는 커피에 어떤 음식이 잘 어울릴지도 파악할 수 있다.

커피를 묘사하는 형용사 및 강조어

산뜻한, 선명한, 강한, 톡 쏘는	절제된, 밋밋한, 약한
격한, 불균형한, 날카로운, 모난	구조적인, 균형 잡힌, 무난한
진한, 짙은, 복합적인	연한, 희미한, 섬세한
촉촉한	건조한, 수렴성의
뒷맛이 남는, 뒤끝 있는	날렵한, 깔끔한

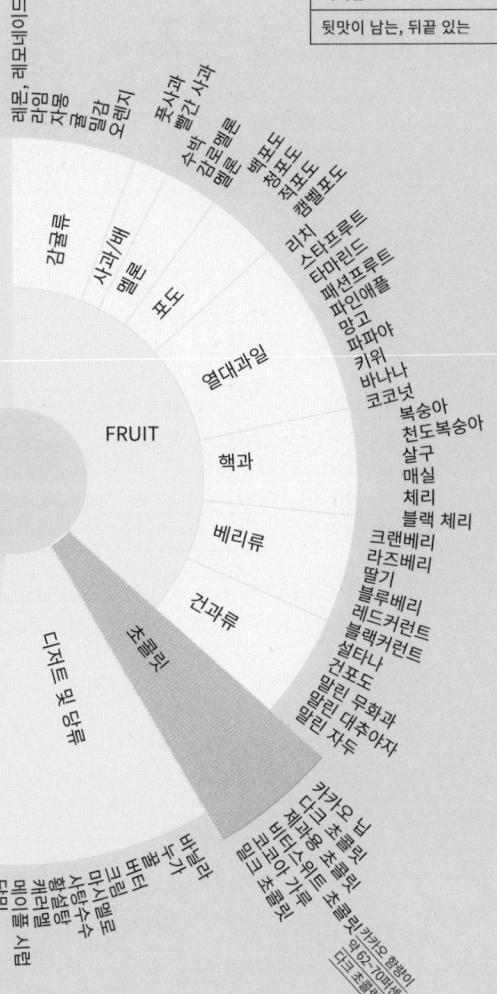

카운터컬처 커피(Counter Culture Coffee) 제공

5장
커피와 테크놀로지

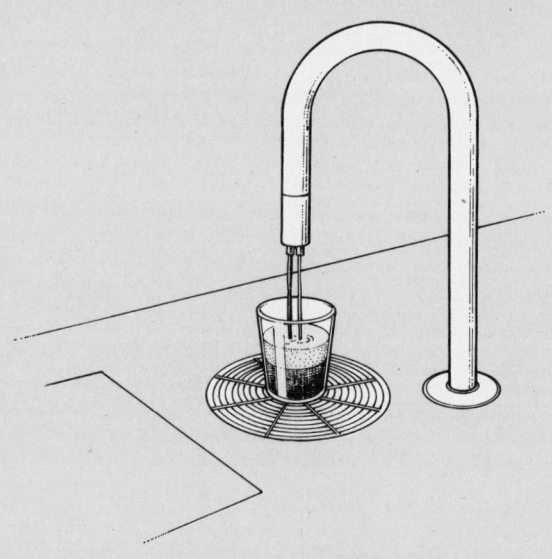

단순한 커피포트

특별한 기구나 기계 없이도 커피를 추출할 수 있는 방식은 여러 가지 있다. 그 중 하나가 '카우보이식 커피', 즉 화톳불에 주전자를 올리고 분쇄 원두와 물을 담아 끓이는 단순한 방식으로 '달임법'이라고도 한다(146쪽 참조).

터키나 그리스식 커피 또한 달임법을 사용하며, 지금껏 사용되고 있는 가장 오래된 커피 추출 방식 중 하나다. 이 방식은 간단한데다 도구도 거의 필요 없지만 그 몇 안 되는 도구의 질이 결과물을 좌우한다. 이 방식으로 커피를 끓일 경우 원두를 아주 곱게 갈아야 하는데 이 단계까지 분쇄하려면 질 좋은 그라인더를 사용해야 한다. 대부분의 가정용 그라인더로는 충분히 고운 원두 가루가 나오지 않는다. 알맞은 가격대의 선택지는 이 방식에 딱 맞게 원두를 갈 수 있는 특별한 터키식 그라인더를 구입하는 것이다.

또한 이 방식으로 커피를 끓이려면 특별한 형태의 주전자를 사용해야 한다. 터키에서 체즈베cezve, 그리스에서 브리키briki라고 불리지만 서구에서는 보통 이브릭ibrik으로 통하는 이 주전자가 모래시계 형태라는 점은 여러 면에서 중요하다. 목 위로 깔때기처럼 벌어지면서 주둥이가

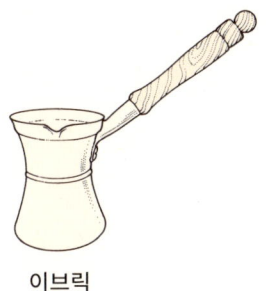

이브릭

밖으로 튀어나와 있어 커피를 따르기 쉬울 뿐만 아니라 원두 찌꺼기가 같이 흘러나오지 않고 주전자 안에 남는다. 가장 중요한 점은 목 부분이 좁아지는 형태가 터키식 커피 추출 방식의 핵심인 거품 형성에 결정적인 역할을 한다는 것이다. 커피에서 거품이 일어날 때까지 끓이다가 주전자를 불에서 들어 거품을 가라앉히고, 그런 다음 다시 불 위에 올린다(148쪽 참조).

사이펀/진공식 커피메이커

다소 손이 많이 가는 이 추출 방식은 특히 침전물이 적고 맑은 커피를 만드는 것으로 잘 알려져 있다. 사이펀 혹은 진공식 커피메이커는 19세기 초에 발명되었지만 20세기에는 잘 쓰이지 않게 되었다. 하지만 최근 들어 편리함을 좇기보다 커피의 맛에 다시 초점을 맞추려는 커피 전문가들에게 재조명받고 있다.

이 기구는 수증기의 팽창과 수축 법칙에 의해 작동한다. 두 개의 유리 플라스크와 사이펀으로 이루어지며 사이펀을 통해 물이 플라스크들 사이를 이동하는 구조로, 불 위쪽에 매달게 되어 있다. 하부 플라스크에는 물을 담고, 고무마개로 인해 그 안이 부분적 진공 상태가 된다. 커피메이커를 불 위에 올리면 수증기가 발생하고 점점 팽창하여 사이펀 위의 상부 플라스크 안으로 뜨거운 물을 밀어올린다. 그러면 상부 플라스크 안에 넣어둔 분쇄 원두가 물과 뒤섞여 움직이면서 커피가 침출된다. 커피가 다 끓으면 불을 끈다. 커피가 식으면서 수증기가 수축하고 하부 플라스크 안의 압력이 줄어든다. 부압負壓으로 인해 부분적 진공 상태가 만들어지고, 상부 플라스크의 커피가 사이펀을 통해 다시 아래로 흡입되어 하부 플라스크가 커피로 채워진다.

그 밖의 진공식 커피 추출 기구로는 클로버 커피머신이 있다. 최근에 발명되었지만 이제 전 세계의 스페셜티 카페에서 볼 수 있는 첨단기술 기계로, 한 번에 커피가 한 잔씩 추출되며 부피가 상당히 커서 카운터 공간을 많이 잡아먹는다. 바리스타가 피스톤 위에 얹힌 고운 필터에 분쇄 원두를 올리면 피스톤이 기계 속으로 내려간다. 커피가 우려지고 나면 피스톤이 도로 올라와 진공 상태를 형성하며, 추출된 커피는 밸브를 따라 흡입된다. 그러고 나면 다시 한 번 피스톤이 아래로 내려가면서 추출된 커피가 기계 아래의 배출구로 밀려나와 거기 놓여 있는 잔에 담긴다.

사이펀/진공식 커피메이커

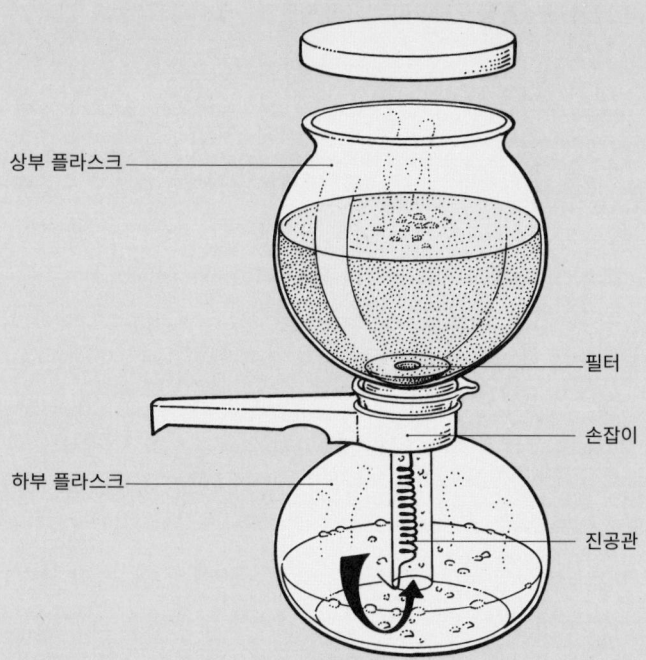

필터가 기계 맨 위까지 도로 밀려올라온 뒤 거기 남은 원두 찌꺼기를 긁어내기만 하면 된다. 클로버 커피머신은 맑고 산뜻하며 원산지와 품종 고유의 섬세한 향미가 돋보이는 커피를 만드는 것으로 알려져 있다.

모카포트

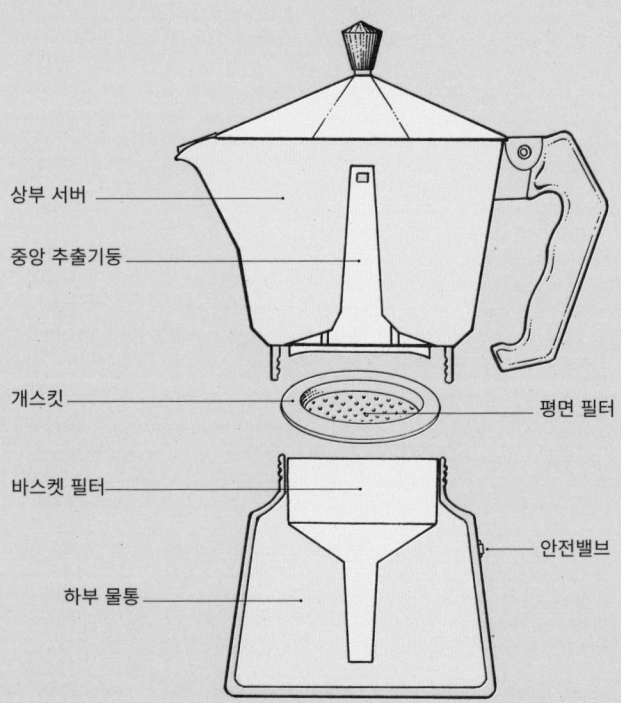

증기 압력식

커피는 세계적으로 가장 많이 소비되는 음료 중 하나다. 널리 사랑받는 이 음료를 끓이고 마시기 위해 사람들은 꾸준히 새로운 방식을 고안해내거나 오래된 방식을 재창조하고 있다.

에스프레소 머신이 등장하기 전에는 커피 한 잔을 끓이는 데 5분은 공을 들여야 했다. 이 과정을 더 빠르고 쉽고 효율적으로 만들기 위해 새로운 기술이 끊임없이 개발되었다. 유럽 전역의 발명가와 과학자들은 커피의 그칠 줄 모르는 인기에 돈벌이 기회가 숨어 있음을 간파했다. 19세기에 다양한 기계가 고안되었는데 그중 상당수가 증기 압력을 이용한 것이었다.

에스프레소 머신은 여러 사람의 손을 거쳐 만들어졌지만, 최초로 특허를 낸 사람은 1800년대 후반에 토리노에서 카페를 운영하던 안젤로 모리온도였다. 불행히도 그는 자신의 가게에서만 이 기계를 사용했기에 대량생산으로 이어지진 못했다. 1901년에 또 다른 이탈리아인 루이지 베체라가 디자인으로 특허를 냈지만 실제로 생산하여 판매할 만한 여력은 없었다. 그러다 데시데리오 파보니가 자금을 뒷받침하면서 베체라의 발명품은 상업적 활로를 찾게 되었다. 아마도 베체라의 기계를 최초의 에스프레소 머신으로 보아야겠지만, 사실 그것은 양쪽에 배출구가 달린 대형 보일러에 지나지 않았다. 주된 문제점은 원두에 직접 닿는 증기의 양이었다. 직접적인 열기로 인해 커피가 쓴맛과 잡내를 띠었으며, 증기 압력도 커피를 충분히 추출해낼 만큼 높지 않았다.

증기 압력식 기구 몇 가지는 지금도 가정에서 진한 블랙커피를 만드는 데 사용된다. 모카포트는 정확히 말해 우리가 아는 에스프레소를 만들어내진 못하지만, 기본 추출 방식은 초기의 에스프레소 머신과 동일하다. 불에 얹는 주전자인 모카포트는 퍼콜레이터(128쪽 참조)와 유사한 원리로 작동한다. 하지만 뜨거운 물이 내부 파이프를 따라 솟아올랐다가 아래로 떨어져 아직 원두를 통과하지 않은 물에 다시 섞이는 퍼콜레이터와 달리, 모카포트는 증기 압력이 하부 물통에 들어 있는 물을 분쇄 원두 사이로 밀어올린다. 그렇게 추출된 커피는 상부 서버에 분리되어 마실 수 있는 상태로 준비된다.

피스톤식

증기 압력식 기구로도 괜찮은 커피를 만들 수 있었지만, 아무래도 훌륭한 에스프레소 샷을 추출할 만큼의 압력은 형성할 수 없었다.

펌프, 수압 실린더, 피스톤 등 다양한 수단으로 압력을 증가시키려는 도전들 끝에 마침내 최초의 상업화 가능한 결과물이 탄생했다. 1938년에 아킬레 가찌아가 발명한 수동 피스톤식 커피머신이다. 일부 유럽식 카페들과 커피 애호가들은 여전히 수동 피스톤식 기계를 사용하며, 수동 조작이 샷을 더 잘 제어할 수 있다고 주장한다. 이런 인상적인 기계들은 분명히 향미가 풍부한 에스프레소를 만들지만 한편으로 고도의 조작 기술을 요구한다. 레버를 정확하게 눌러서 완벽한 샷을 추출하기 위해 여러 가지 요소를 관리해야 하기 때문이다.

가찌아 커피머신은 오늘날 우리가 아는 에스프레소를 만들어냄으로써 커피 추출에 혁명을 일으켰다. 증기를 이용한다는 점에선 동일하지만, 원두에 증기가 전혀 직접 닿지 않게 되었다. 그 대신 보일러 안에서 증기가 압력을 만들어 물을 실린더 안으로 밀어올리고, 거기서 피스톤이 추가로 압력을 생성한다. 이 기계의 수동 조작에서 '샷을 당긴다 pulling a shot'라는 표현이 유래했는데, 바리스타가 피스톤을 위아래로 당기며 커피를 만들어야 했기 때문이다. 이제는 대부분의 피스톤식 기계가 사람의 손힘 대신 전기를 이용하고 있다.

아킬레 가찌아는 이미 세계에서 가장 사랑받고 있던 음료의 향미와 추출 방식을 바꿔놓았을 뿐 아니라, 현대에 와서 더욱 중요하게 여겨지는 커피의 특징인 크레마를 발견한 사람이기도 하다. 초기의 에스프레소 소비자들은 커피 위의 이 지방층을 '찌꺼기'라고 불렀다. 크레마를 고압 커피 추출 방식에 따른 쓸데없는 부산물로 여겼기 때문이다. 신제

가찌아 커피머신

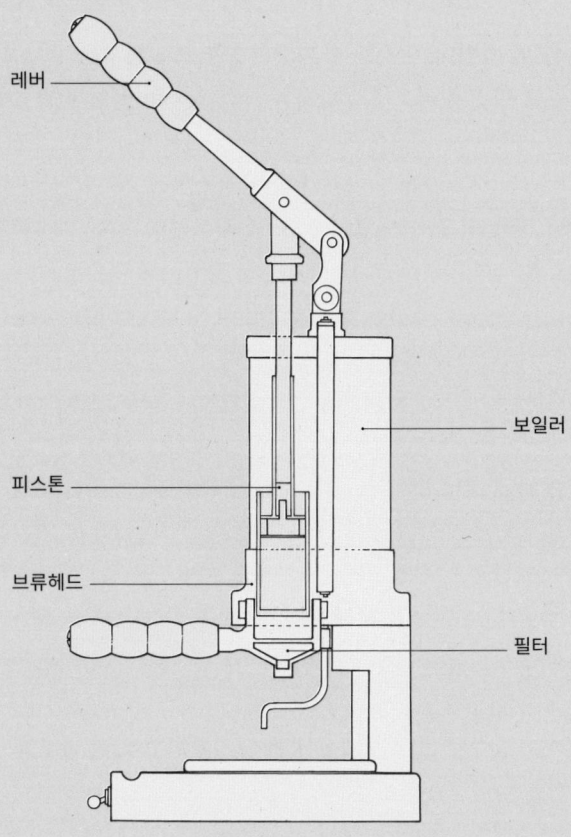

품을 홍보할 마케팅 전략이 필요했던 가찌아는 밀라노 주변의 카페들에 자신의 기계를 설치하고 이런 간판을 달았다. '천연 커피에서 나온 커피 크림crema.' 일단 소비자들이 이 기계로 추출한 커피 맛이 월등하다는 걸 알게 되자 고급 카페와 레스토랑들은 가찌아 커피머신을 설치하기 시작했으며, 크레마가 있는 커피는 마침내 밀라노를 넘어 다른 지역으로, 그리고 서서히 전 세계로 전파되기에 이르렀다.

전동식

전기는 커피 혁명에서 엄청나게 중요한 요소였으며 커피를 끓이고 마시는 방식을 완전히 바꿔놓았다. 전기로 인해 커피에 자동화와 일관성이 도입되었고, 덕분에 소비자들은 카페에서 주문했던 것과 같은 커피를 가정에서도 만들 수 있게 되었다.

퍼콜레이터

전동 퍼콜레이터의 발명은 전기와 커피가 만난 최초의 사례 중 하나였다. 퍼콜레이터는 단순한 방식으로 커피를 추출함에도 불구하고 초기에 값비싼 주방 기구로 취급받았는데, 커피가 빨리 끓는데다 불에 얹는 기구보다 훨씬 간편했기 때문이다. 오래지 않아 퍼콜레이터는 필수적이진 않더라도 일상적인 주방 기구로 자리 잡았으며 사치품과는 거리가 먼 물건이 되었다. 이제 대부분의 커피 소비자들은 퍼콜레이터보다 드립이나 자동 커피메이커를 선호하지만, 그럼에도 여전히 적지 않은 사람들이 계속 퍼콜레이터로 커피를 끓이고 있다.

퍼콜레이터는 다음과 같은 이유 때문에 대다수에게 인기 있는 커피 추출 기구로 자리잡진 못했다. 물이 분쇄 원두를 여러 차례 통과하므로 추출 도중에 커피가 지나치게 끓는 일이 생긴다. 다른 여러 커피 추출 방식들보다 물이 더 높은 온도로 끓기 때문에 쓴맛이 생기며 과다 추출이 일어날 수 있다. 진하고 독하고 쓴 커피를 선호하는 사람이 아침에 빨리 커피를 끓이고 싶은 경우 퍼콜레이터는 좋은 선택지다. 퍼콜레이터는 1970년대까지 널리 쓰인 커피 추출 기구였지만 이젠 거의 자동 커피메이커(130쪽 참조)로 대체되었으며, 대체로 자동 커피메이커로 만든 커피가 더 맛이 좋다고 여겨진다.

퍼콜레이터

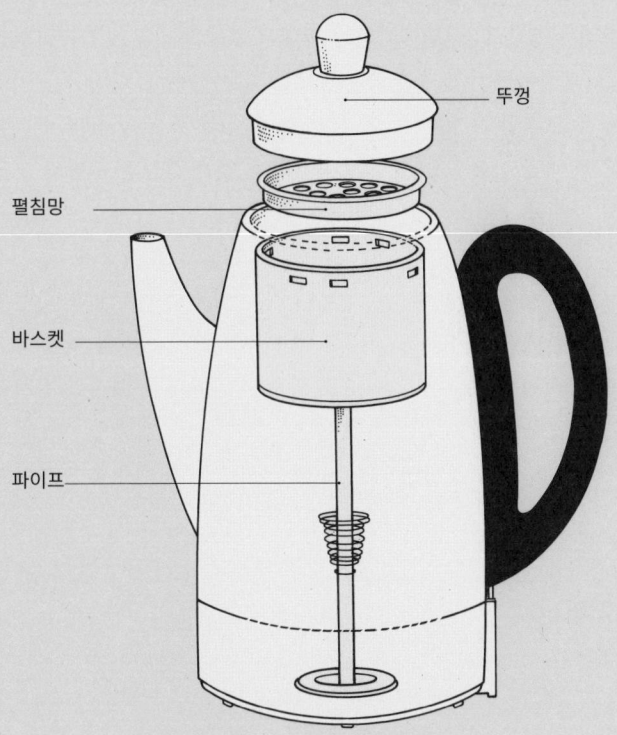

퍼콜레이터에 사용하기 가장 좋은 원두는 개인 취향의 문제지만, 어쨌든 원두를 거칠게 갈아야 한다. 그래야 원두가 물에 닿는 면적이 줄며 향미 성분이 추출되는 시간이 늘어나고 쓴맛이 줄어든다.

자동 커피메이커

드립은 오래전부터 널리 쓰이는 수동 커피 추출 방식이었지만, 북미에서는 전동식 자동 드립 커피메이커가 발명된 후에야 비로소 일반화되었다. 자동 커피메이커는 간편함 때문에 높이 평가받는다. 다만 사용자가 전혀 추출을 조정할 수 없다는 한 가지 단점이 있다. 기계가 거의 자체적으로 추출 시간과 온도를 결정하기에 믿을 만한 생산업체의 잘 보정된 고품질 기계를 구입하는 것이 중요하다.

전동식 커피메이커는 여러 가지 이유로 인기를 끌게 되었다. 안전 가열 장치로 인해 불을 쓸 필요가 없는데다 자동 정지 스위치의 도입은 혁명적이라 할 만했다. 예전에는 커피를 끓이려면 줄곧 온도와 시간과 추출 정도에 유의하며 적극적으로 추출 과정에 참여해야 했지만 갑자기 그 수고가 대부분 기계로 넘어간 것이다. 대부분의 수동 추출 기구들은 단순히 커피포트 아래 전열 장치를 부착한 것부터 전 과정을 자동화한 것까지 다양하게 전동식으로 개조되었다.

캡슐 커피머신

간편함을 추구하는 대중을 겨냥하여, 버튼 하나만 누르면 카페와 같은 수준의 커피가 나온다고 선전하는 새로운 기계들이 여럿 나와 있다. 포드pod 커피머신은 일정한 용량의 커피가 든 개별포장 포드로 카페와 같은 에스프레소 음료를 만들어준다. 우유를 넣으면 커피가 추출되는 동

자동 커피메이커

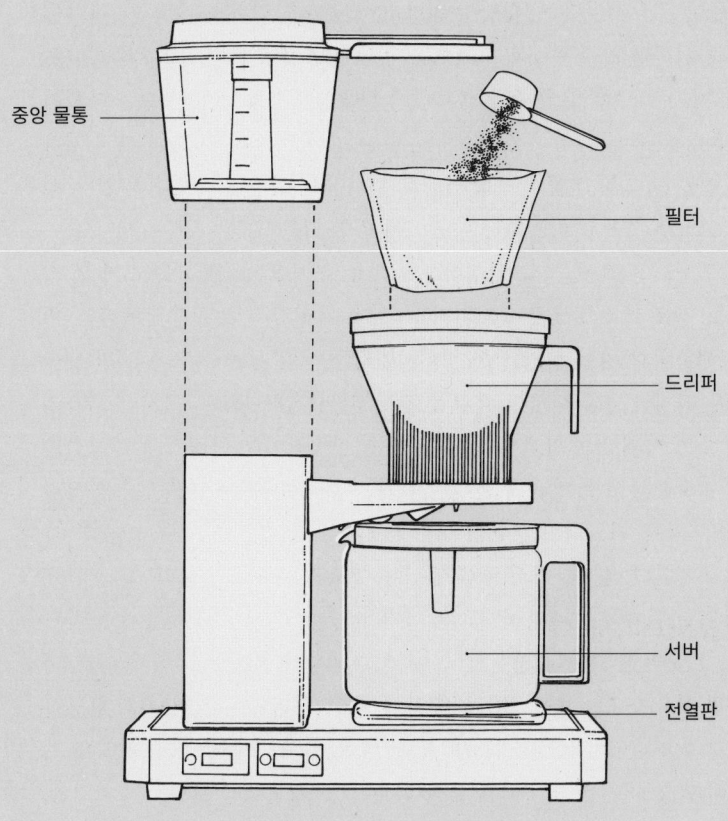

안 우유 거품을 만들어주는 기계도 있다. 사용자는 그저 커피에 우유 거품을 부어 넣기만 하면 된다.

비슷한 고성능 기계로, 카페라테 같은 에스프레소 음료들을 만드는 커피머신도 있다. 이런 기계는 보통 우유를 담는 드립 형태의 피처, 분쇄 원두와 물을 담는 상부 칸으로 이루어지며, 먼저 우유에 거품을 낸 다음 그 피처 안으로 커피를 추출한다. 버튼 하나만 누르면 카페라테가 만들어지는 것이다. 능숙한 바리스타가 맛있는 커피를 내릴 때 거치는 단계를 그대로 따르도록 고안된 최첨단 에스프레소 머신도 있다. 이런 기계는 바리스타의 수행을 정확하게 되풀이하면서 항상 똑같은 커피를 만든다.

이런 기계들에 대한 커핑 테스트는 다양한 결과를 보인다. 어떤 기계는 인스턴트보다 아주 조금 나은 수준의 커피를 만들고, 또 어떤 기계는 전문가도 최상급이라고 인정하는 커피를 만들어 미슐랭 가이드에서 별점을 받은 레스토랑에 설치되기도 한다. 기계화가 커피 추출이라는 예술 행위의 가치를 떨어뜨렸는지를 놓고 논쟁이 분분하지만, 많은 사람들은 현대의 쉽고 편리한 커피 추출 방식을 찬양한다.

좋은 커피란 주관적이다. 싱글 컵 커피머신이든 카페라테 메이커든 그 결과물의 맛이 마음에 든다면 기계는 제구실을 한 것이다. 요즘 커피 애호가들을 겨냥하고 만들어지는 신세대 커피메이커에 돈을 쓰려고 마음 먹는다면 순식간에 한재산 날리는 것도 충분히 가능하다. 그러나 과연 그런 기계들의 결과물이 아로마와 식감, 향미 면에서 전통적 방식으로 갓 끓여낸 커피에 필적할까? 최상급 원두와 예술적 경지에 이른 기구를 사용한다고 해서 반드시 훌륭한 커피가 나오는 건 아니다. 환상적인 맛이 나는 커피를 만들려면 계량, 탬핑, 분쇄, 추출에 대한 지식과 기술이 필요하다.

캡슐 커피머신

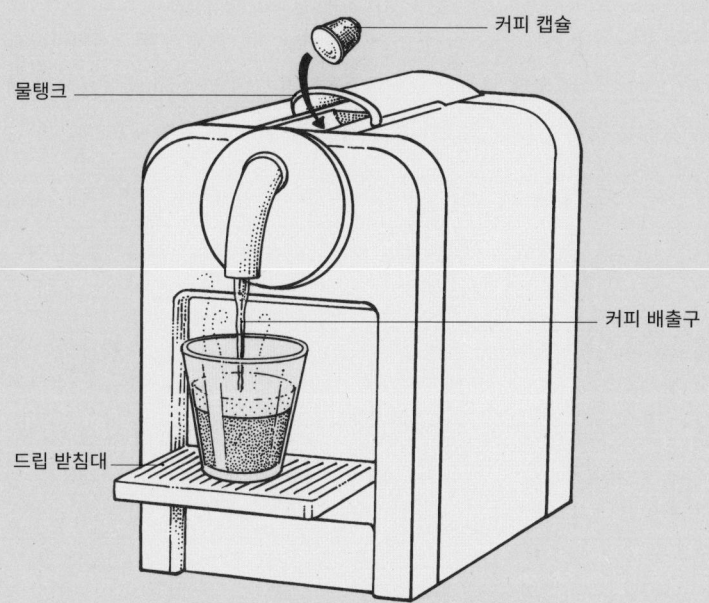

도구

커피를 만들 때 최대한 간략한 방식을 선호하는 사람들도 있다. 주전자, 불, 분쇄 원두와 물만으로 완벽한 커피를 끓이는 것이다. 반면 어떤 이들은 이상적인 커피 한 잔을 위해 온갖 멋진 도구들을 잔뜩 늘어놓고 쓰는 것에 열광한다.

커피를 추출하는 기구와 기계들은 이 책의 뒷부분에서 다루겠지만(6장 참조), 여기서는 우유 거품기와 탬퍼, 매트, 온도계 등 커피 애호가들이 개인 취향에 맞춰 추출 과정을 미세하게 조정하려 할 때 투자할 만한 물건들을 살펴본다.

주방용 디지털 저울

대부분의 가정 요리사와 바리스타들은 재료를 부피 단위로 계량하지만, 커피를(사실 커피와 관련된 모든 재료를) 가장 정확하게 계량하는 방법은 무게 단위로 재는 것이다. 따라서 모든 커피 애호가들의 도구 컬렉션에는 정확한 주방용 디지털 저울이 포함되어야 하며, 누구나 원두를 정확하게 계량하는 방법을 익혀야 한다. 커피 소비자들은 최상급 원두를 필사적으로 구하러 다니고 온갖 추출 방식을 시험해보며 다양한(종종 값비싼) 커피 추출 기구를 구입하려 들지만, 분쇄 원두의 정확한 계량에는 전혀 생각이 미치지 않는 경우가 많다. 원두를 계량하더라도 대체로 스쿱을 이용하는데, 이는 일관된 커피 맛을 보장할 만큼 정확한 방법은 아니다.

원두의 크기와 무게는 품종에 따라 엄청나게 다양하다. 따라서 원두를 부피로 계량하면 무게를 맞출 수 없다. 심지어 1~2그램 차이만 생겨도 커피의 맛은 현저하게 달라질 수 있으므로, 일관성을 확보하는 것이

무척 중요하다.

내장 타이머가 있고 무게와 시간과 추출 속도를 계량할 수 있는 비싼 저울부터 저렴하고 배터리로 작동하는 주방용 디지털 저울까지 다양한 저울이 시중에 나와 있다. 예산이 충분하다면 전자를 택하여 정확한 측정과 맛의 일관성을 확보하자. 이런 저울들은 무게 변화를 0.1~1그램 단위로 감지하고 증발량을 확인하여 추출 속도를 계산할 수 있으며, 심지어 휴대전화와 동기화시켜 개인별로 추출 과정을 기록할 수 있는 제품도 있다.

완벽한 커피를 만드는 데 꼭 이런 종류의 저울이 필요한 것은 아니다. 이와 같은 특성들이 흥미로우며 추출 방식을 미세하게 조정할 수 있게 해주는 것은 사실이다. 하지만 정말로 필요한 것은 0.1그램 단위로 정확히 계량되며 정미正味 산정 기능이 있는, 다시 말해 용기의 무게를 자동 차감하여 내용물의 무게만 측정하는 주방용 디지털 저울이다. 이런 종류의 저울은 인터넷이나 대형 백화점에서 구입 가능하다.

탬퍼와 매트

탬퍼는 에스프레소 머신에 필수적인 도구다. 질 좋은 탬퍼를 쓰면 포터필터에 분쇄 원두를 제대로 눌러 담아서 뜨거운 물이 통과할 때의 저항력을 적절하게 맞출 수 있다. 또한 탬퍼는 눌러 담은 원두의 표면을 매끄럽게 정리하여 원두가 골고루 추출되도록 한다. 카운터에 매트를 깔면 그 자리가 살짝 푹신해서 원두를 눌러 담기 편하며 포터필터나 분쇄 원두의 자국이 남지 않는다.

탬퍼를 살 때는 여러 가지를 살펴보아야 한다. 비교적 묵직한 것을 골라야 원두를 눌러 담기에 더 편하다. 손잡이는 손에 잘 들어맞아야 하며 누를 때 불편하게 느껴져선 안 된다. 금속 재질 탬퍼가 이상적이다.

플라스틱 탬퍼는 종종 분쇄 원두를 제대로 눌러 담지 못해 사용하기에 불편하다. 가장 중요한 요소는 탬퍼의 크기로, 포터필터와 정확히 크기가 일치하는지 확인해야 한다.

온도계

온도계는 완벽한 커피를 만드는 데 필수적인 또 다른 주방용품이다. 주로 우유를 데워 거품을 낼 때 끓거나 태우는 일을 막기 위해 사용하지만, 물의 온도를 측정하여 추출 기구가 정확히 작동하고 있는지 확인하는 데도 요긴하다.

우유 거품기

많은 에스프레소 머신에는 우유에 거품을 내는 특정한 목적을 위해 스팀 막대가 달려 있다. 하지만 여타 추출 기구들은 우유 거품기가 달려 있지 않으며, 다른 방식으로 커피를 끓여 마시는 사람들 중에도 상당수가 라테나 카푸치노의 우유 거품을 직접 만들어보고 싶어 한다. 가장 일반적인 우유 거품기의 종류는 다음과 같다.

핸드프레스 거품기

프렌치 프레스와 비슷한 구조로, 프레스를 위아래로 펌프질하면 우유에 공기 방울이 생겨 거품이 만들어진다. 가열 장치가 없기 때문에 거품기를 쓰기 전에 미리 우유를 데워야 한다. 사용하기에 손이 많이 가고 거품의 밀도가 불만족스러울 수 있지만 저렴하고 빠르게 우유 거품을 만들 수 있다.

우유 거품기

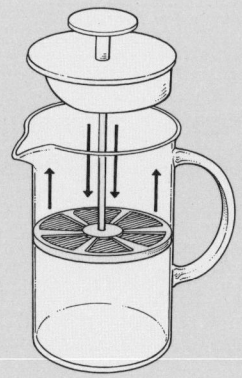

핸드프레스 거품기

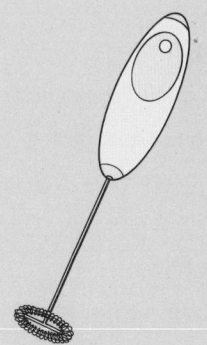

소형 수동 거품기

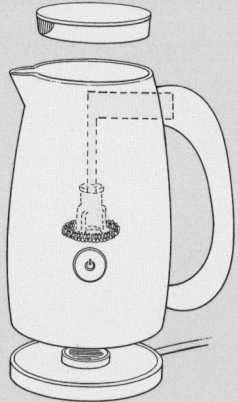

전동 거품기

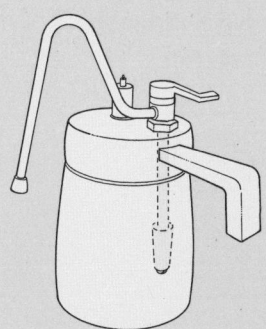

오븐용 거품기

소형 수동 거품기

작고 저렴한 거품기로 소형 수동 전기 믹서와 비슷하게 작동한다. 질 좋은 제품이라면 제법 그럴싸한 우유 거품을 만들어주지만, 거품의 밀도는 다소 떨어질 수 있다.

전동 거품기

우유를 붓고 뚜껑만 닫으면 우유를 데워 적절한 밀도와 온도의 거품을 만들어준다. 이런 종류의 거품기는 보통 우유를 데우는 하부 전열판과 내부의 스테인리스 스틸 교반기로 구성된다.

오븐용 거품기

에스프레소 머신에 달린 스팀 막대의 오븐용 버전이다. 주전자에 든 물을 데우면 주전자에서 뻗어나온 막대가 김을 뿜어낸다. 이런 종류의 거품기는 종종 작동이 느리고 사용하기에 위험할 수 있다. 압력 밸브를 계속 살펴보면서 최대한도를 넘기지 않도록 주의하고, 모델별로 사용법이 다를 수 있으니 생산업체의 설명서에 따르도록 한다. 값이 비싸긴 하지만 가정에서 에스프레소 머신과 같은 수준의 우유 거품을 만들 수 있는 확실한 수단이다.

커피잔 고르기

예로부터 사람들은 커피를 무수한 형태와 크기, 재질의 수백 가지 용기에 담아 마셔왔다. 많은 문화권에 커피를 내고 마시는 나름의 전통적인 방식이 있다. 하지만 이 물건의 형태가 정말로 커피의 맛에 영향을 미칠까?

도자기 머그와 잔

소위 머그잔은 지금까지 수백 년 동안 서구 문화의 중요한 요소였다. 가장 일상적이면서도 튼튼한 형태의 음료수 용기로, 커피가 널리 퍼지기 이전부터 술과 약을 비롯하여 온갖 마실 것을 담는 데 사용되었다. 다량의 음료를 담을 수 있는 형태와 크기이며, 초창기에는 나무속을 파내거나 손으로 흙을 빚어 만들었다.

    현대의 커피용 머그잔은 대체로 자기, 본차이나뼛가루나 인산칼슘을 섞은 고급 반투명 자기., 토기 등의 재질로 만들어지며, 전 세계의 주방에서 찾아볼 수 있다. 왜 머그잔이 이토록 인기 있는 걸까? 아마도 너무나 다양한 크기와 색깔, 모양으로 만들어져서 우리가 원하는 어떤 잔이든 구할 수 있기 때문일 것이다. 아니면 가장 실용적인 음료 조달 방법이기 때문일지도 모른다. 머그잔 하나를 가득 채우면 음료를 실컷 마실 수 있는 것이다. 하지만 도자기 머그잔의 가장 큰 장점은 바로 단열 기능이다. 도자기 머그잔의 두꺼운 외벽은 다른 재질의 머그잔보다 음료를 더 오래 따뜻하게 유지할 수 있도록 만들어졌다.

일회용 컵

현대 세계에서는 많은 커피가 일회용 종이, 플라스틱, 스티로폼 컵에 담겨 소비된다. 다공성 재질인데다 인체 건강에 해로울 수 있는 비스페놀 A 같은 화합물을 함유하기 쉬워 커피를 담기에 가장 부적절하다고 평가된다. 스티로폼과 플라스틱은 종이컵보다 더 오래 온기를 유지해주긴 하지만, 커피의 성분과 열이 컵을 침식하여 그 재질에 함유된 화학 성분이 커피에 우러날 가능성이 있다.

종이컵은 빨리 식는 편인데다, 수명 주기 평가에 따르면 세척과 운송, 폐기, 생산 단가 등을 고려할 때 도자기나 유리로 된 컵보다 환경에 더 큰 영향을 미칠 수 있다.[20] 많은 사람들이 커피를 스티로폼이나 플라스틱 컵에 담으면 맛이 변한다는 데 동의하지만, 어떤 사람들은 도자기 잔보다 종이컵에 담긴 커피 맛이 더 좋다고 말하기도 한다. 결국 개인 취향의 문제라고 하겠다.

재사용 가능 테이크아웃 컵

환경 문제에 대한 대중적 인식이 확산되면서 최근에는 틀로 찍어 만든 재사용 가능 테이크아웃 컵이 유행하고 있다. 기존의 종이나 플라스틱 재질 일회용 컵과 똑같은 형태에 같은 양의 커피를 담을 수 있지만, 씻어서 다시 쓸 수 있다는 점이 다르다. 흔히 비스페놀 A가 함유되지 않은 고품질 플라스틱으로 만들며 500번 이상 재사용할 수 있다. 킵컵KeepCup 같은 브랜드는 바리스타를 위한 재사용 컵을 만드는데, 일반적인 커피 잔 크기에 맞춰졌으며 에스프레소 머신에 사용하기 쉽게 디자인되었다.

---

20 Refiller, Bern. 2013. 'Lifecycle Assessment: reusable mugs versus disposable cups.' http://www.refiller.ch/download/pictures/8e/6r4go5lv89r9avzdf7ob0yvkolr4sv/refiller_coffee_comparison.pdf

그 밖의 컵

데미타세는 일반적인 커피잔이나 머그잔과 같은 도자기 재질이지만 더 작은 잔으로, 에스프레소나 터키식 커피를 낼 때 사용된다. '데미타세 demitasse'는 프랑스어인데, 그대로 옮기면 '반 컵'이라는 뜻이다. 용량은 보통 ¼컵에서 ⅓컵 정도다.

유리잔은 도자기 잔만큼 널리 쓰이진 않지만 다양한 에스프레소 음료를 담는 데 사용되는 경우도 있다. 오스트레일리아를 비롯한 몇몇 국가에서는 카페라테를 중간 높이의 유리잔에 담아서 낸다. 물잔과 비슷하게 생긴 것도 있고, 알코올을 넣는 아이리시 커피용 잔처럼 아래에 다리가 있고 중간에 손잡이가 달린 것도 있다.

금속은 뜨거운 음료를 담는 용기에 최초로 사용된 재질 중 하나였으며, 지금도 잔을 만드는 데 쓰이고 있다. 하지만 금속은 열전도율이 높기 때문에 금속으로 만든 커피잔은 뜨거워서 잡기 힘들다. 전통적인 터키식 커피잔은 주로 금속으로 만든다. 이제는 도자기로 만들고 색칠이나 금은박으로 장식한 것이 대부분이지만, 아직도 구리 같은 금속으로 만들고 정교한 세공으로 장식한 전통식 잔을 찾아볼 수 있다.

보온병과 보온 주전자

역사 내내 사람들은 뜨거운 음료의 온기를 유지할 다양한 방법을 개발해왔다. 주전자를 불에 올려놓거나(커피의 경우 이렇게 하면 과다 추출이 일어나기 쉽지만), 보온 기능이 있는 재질로 음료수 용기를 빚기도 했다. 하지만 이런 연구에서 진정한 돌파구가 된 것은 진공 플라스크, 즉 보온병의 발명이었다. 보온병은 두 겹의 플라스크로 이루어진다. 큰 플라스크 안에 작은 플라스크가 들어 있는데 그 사이의 공간이 진공 상

커피잔

터키식 커피잔

아이리시 커피잔

데미타세

태가 되어 열의 전도와 손실을 막아준다. 보온병 덕분에 커피를 비롯한 뜨거운 음료를 한동안 식지 않은 상태로 두고 마실 수 있게 되었다. 보온 주전자도 같은 원리이지만 때로는 진공을 이용하는 대신 단순히 두툼한 단열 재질로 만들어지기도 한다. 왜냐면 보온 주전자는 무엇보다 커피를 담아서 따르기 위한 것인 반면, 보온병의 주된 목적은 뜨거운 음료를 가지고 다니기 위한 것이기 때문이다.

6장
다양한 기구로 커피 만들기

커피 만들기

지금까지 커피 만들기에 숨겨진 과학 원리를 알아보았다. 이 장에서는 그 지식을 실행에 옮겨 각각의 추출 방식에 따라 완벽한 커피 한 잔을 만드는 방법을 단계별로 살펴본다.

　이 책의 앞부분에서는 커피의 다양한 특성을 다루고 원두의 유형과 경작 지역, 로스팅 단계와 분쇄, 추출 방식과 온도에 이르기까지 커피의 개성과 향미에 영향을 미칠 수 있는 여러 가지 요소를 설명했다. 이에 덧붙여, 커피를 준비하고 내는 방법은 각각의 문화와 사용 기구에 따라서도 아주 다양하다. 심지어 개인 취향의 문제에 대해서는 아직 이야기를 꺼내지도 못했다. 진하게 혹은 연하게, 씁쓸하게 혹은 달게, 과일향 혹은 꽃향, 우유는 차갑게 혹은 뜨겁게, 거품이 있게 혹은 없게, 설탕을 넣어 달게 혹은 카다멈과 계피 같은 향신료를 넣어 톡 쏘게 등등.

　완벽한 커피를 만들려면 재료를 무게로 계량하는 것이 가장 정확한 방법이다. 그러니 가능하면 주방용품 전문점이나 큰 백화점의 주방용품 코너에서 미터법(온스보다는 그램 계량이 더 정확하다) 단위의 주방용 디지털 저울을 구입하자. 정미正味 기능, 즉 내용물이 담긴 그릇이나 용기의 무게를 자동으로 차감해주는 버튼이 있는 저울을 골라야 투입할 재료의 무게를 정확하게 확인할 수 있다. 이 장에 실린 레시피들은 어디까지나 출발점으로, 당신의 취향에 맞춰 조정하고 변경할 수 있다.

카우보이식 커피

커피를 끓이는 가장 쉬운 방법 중 하나다. 달임식 추출법으로, 다시 말해 주전자에 분쇄 원두와 물을 넣고 몇 분간 끓여 대충 우려내는 것이다. 휴대하기 편한 소형 그라인더 하나만 있으면 되고 정확하게 원두를 계량할 필요가 없어 캠핑이나 배낭여행에 적합하다. 그것도 어려울 경우에는 집을 떠나기 직전에 갓 로스팅한 원두를 사서 거칠게 분쇄해 가져가면 된다.

필요한 것

소형 버 그라인더, 계량스푼, 큰 머그잔, 주전자, 불, 타이머, 커피잔, 물, 갓 로스팅한 원두

방법

1 버 그라인더로 원두를 거칠게 분쇄한다.
2 머그잔으로 찬물 1컵(220그램 혹은 1컵에 살짝 못 미치는 정도)당 분쇄 원두 2큰술을 계량한다. 계량한 물을 주전자에 붓는다.
3 주전자를 불에 올려 물을 끓인다. 주전자를 불에서 내리고 30~60초간 그대로 두어 살짝 식힌다.
4 뜨거운 물에 커피를 넣고 휘저으며 원두를 적셔준다.
5 주전자를 2분간 그대로 두었다가 다시 휘젓고 2분 더 둔다. 식지 않도록 뚜껑을 덮어둔다.
6 원두가 주전자 바닥에 가라앉아 있으므로, 커피가 너무 뒤섞이지 않도록 조심스럽게 잔에 따른다. 만약 원두가 섞여 나오면 30초가량 커피잔을 가만히 두어 바닥에 가라앉힌다.

카우보이식 커피 끓이기

2단계

3단계

4단계

6단계

터키식 커피

달임법을 활용하여 진하고 독한 커피를 만드는 전통적 추출 방식이다. 가정용 블레이드 그라인더나 버 그라인더로는 원두를 충분히 곱게 분쇄하기 어렵지만, 특별히 제작된 터키식 그라인더를 따로 구할 수 없다면 갖고 있는 그라인더로 가급적 곱게 갈도록 하자.

필요한 것

이브릭(터키식 커피 주전자), 그램 단위의 디지털 저울, 터키식 커피잔, 불, 숟가락, 터키식 수동 그라인더, 물, 갓 로스팅한 원두, 설탕(선택 사항)

방법

1 커피 주전자를 저울에 올리고 정미 버튼을 누르거나 0점에 맞춘다. 터키식 커피잔으로 필요한 만큼의 찬물을 계량하여 주전자에 붓는다. 물이 주전자 중간의 목 부분에 닿을 정도여야 한다. 만약 커피를 더 만들어야 한다면 물을 더 부어도 되지만, 주전자 안쪽에 표시된 수준선을 넘지 않도록 한다. 물의 총 무게를 확인한다.
2 주전자를 불에 올리고 물이 따뜻해질 때까지 데운다.
3 원두를 계량한다. 프렌치 프레스(172쪽 참조)로 커피를 끓일 때보다 조금 더 투입하는데, 처음에는 물 100그램(½컵에 살짝 못 미치는 정도)당 8그램(약 5작은술)으로 시작한다. 개인 취향에 맞는 커피 농도로 조절하려면 원두를 더 혹은 덜 넣으면 되지만, 터키식 커피는 상대적으로 진하게 우려진다는 점에 유의하자.
4 터키식 수동 그라인더로 원두를 아주 곱게 간다.
5 원두 가루를 물 위에 올리되, 휘저어 섞으면 안 된다. 설탕을 넣으려면 이때 위에 얹는다.

터키식 커피 끓이기

6 주전자를 약불에 올린다. 몇 분이 지나면 주전자 목 위로 올라온 커피 거품이 보일 것이다. 주전자의 손잡이를 잡고 불에서 내려 거품을 가라앉힌다.

7 거품이 가라앉으면 6단계를 되풀이한다. 거기서 멈추거나, 아니면 한두 번 더 되풀이한다. 다양하게 시험해보면서 취향에 맞는 맛을 찾는다. 원한다면 커피 거품이 가라앉을 때마다 저어도 좋다. 젓거나 젓지 않는 것 양쪽 모두 시험하고 결과를 비교해보자.

8 이쯤 되면 대부분의 원두가 주전자 바닥에 가라앉았을 것이다. 각각의 커피잔에 차례로 조금씩 커피를 따르고 첫 잔으로 돌아와 반복하는 식으로 모든 잔을 채운다.

9 거품과 원두 가루가 가라앉도록 몇 분 기다렸다가 마신다.

드립/필터 커피

드립이나 필터로 커피를 내리는 방식은 다양하며, 그중 일부는 다른 방식보다 더 맛있는 커피를 만들 수 있다. 미국 어디서나 볼 수 있는 자동 드립 커피메이커는 커피를 끓이는 가장 일반적인 방식 중 하나로, 가정에서도 손쉽게 사용할 수 있다. 핸드드립이나 싱글 컵 드립필터 같은 다른 기구들은 스페셜티 카페에서 고가로 판매된다.

> "드립이나 필터로 커피를 내릴 때는 공통적으로 물 1리터(킬로그램)당 원두 60~65그램을 사용한다(저울이 필요하다). 커피가 너무 묽거나 연하거나 신맛이 나거든 원두를 더 곱게 갈고, 커피가 너무 진하거나 쓰면 더 거칠게 간다."
>
> _매튜 퍼거, 월드 챔피언 바리스타,
> 오스트레일리아 세인트 앨리 앤드 센서리 연구소

자동 드립 커피메이커

가장 일관성 있고 맛있는 커피를 끓여준다고 할 수는 없지만, 자동 드립 커피메이커는 일상적으로 마시는 커피를 간편하게 만들 수 있는 기계다. 하지만 이 기계로 최상의 결과를 얻으려면 몇 가지 명심할 점들이 있다.

필요한 것
자동 드립 커피메이커, 종이 필터(필요할 경우), 주전자, 주방용 디지털 저울, 버 그라인더, 숟가락, 커피잔, 물, 갓 로스팅한 원두

방법
1 생산업체의 설명서에 따라 커피메이커를 설정한다. 종이 필터를 쓸

자동 드립 커피메이커로 커피 끓이기

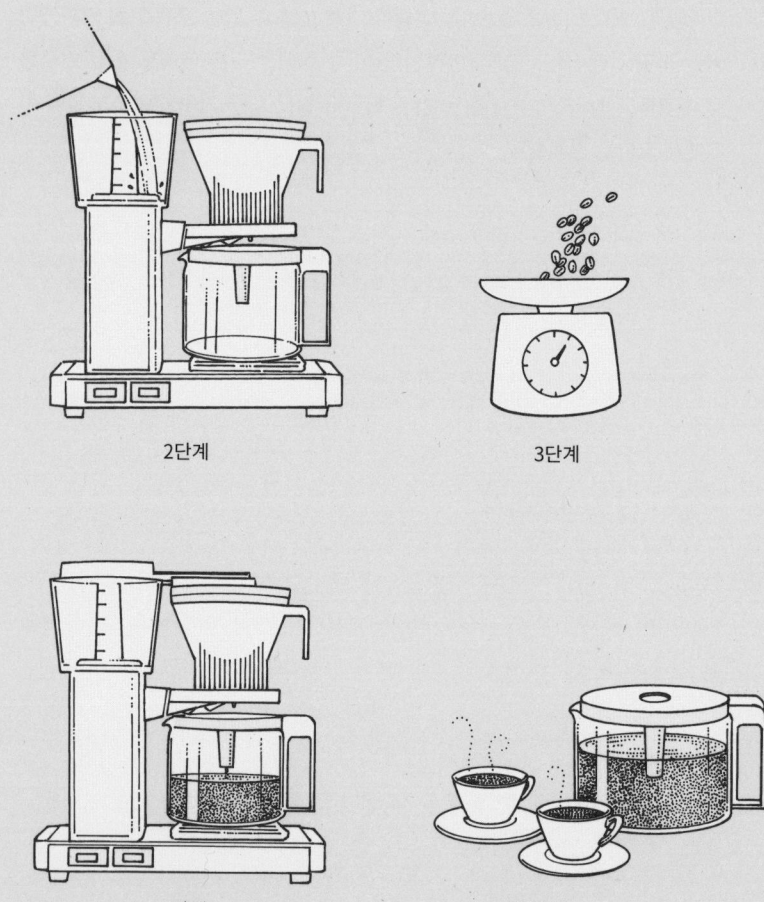

2단계

3단계

4단계

6단계

경우 필터를 끼우고 끓인 물을 조금 부어서 흘려 내린다. 이렇게 하면 커피에 종이 맛이 남는 것을 방지할 수 있다.
2. 생산업체의 설명서에 따라 물통에 물을 부어 넣는다.
3. 사용하는 물의 양에 맞춰 원두를 계량한다. 물 1킬로그램(혹은 리터)당 원두 60~65그램을 투입한다(아래 박스 참조). 연하거나 진한 커피를 마시고 싶다면 취향대로 양을 조절한다. 버 그라인더를 사용하여 원두를 중간 단계로 분쇄하고 필터에 담는다.
4. 커피메이커를 작동시킨다.
5. 커피메이커가 추출을 끝내면 바로 커피를 전열판에서 내린다. 열에 계속 올려두면 커피가 쓰고 맛이 없어진다.
6. 바로 잔에 따라 내거나, 아니면 전열판에서 내린 서버에 10분 정도는 그대로 두어도 된다.

물 계량하기

밀리리터로 계량한 물과 그램으로 계량한 물의 양은 동일하다. 예를 들어 물 100 밀리리터는 물 100그램(½컵에서 1큰술을 덜어낸 양)과 같다. 원두를 무게로 계량해야 하니 물도 무게로 계량하는 쪽이 간편하다. 다른 추출 방식과 마찬가지로 물 1킬로그램(약 4⅓컵)당 원두 60~65그램(약 ¾컵)을 투입해야 한다. 따라서 일반적인 커피 한 잔에 들어가는 원두와 물의 양은 원두 14~15그램(약 3큰술)과 물 240그램(1컵)이 된다.

핸드드립

수동 싱글 컵 드립 필터는 다양한 모양과 크기로 판매되고 있다. 아래쪽이 뚫려 있는 깔때기 모양의 드리퍼에 종이 필터를 끼운다. 뜨거운 물을 원두에 부으면 추출된 커피가 드리퍼 아래 놓인 포트로 떨어진다. 이 방식으로 드립한 커피는 자동 드립 커피메이커로 끓인 것보다 훨씬 맛이 좋다.

물의 온도와 추출 시간을 수동으로 정확하게 조절할 수 있기 때문이다.

필요한 것

드리퍼에 딱 들어맞는 모양과 크기의 종이 필터, 핸드드립용 드리퍼, 포트, 주전자, 주방용 디지털 저울, 버 그라인더, 숟가락, 커피잔, 물, 갓 로스팅한 원두

방법

1 드리퍼에 종이 필터를 끼우고 포트 위에 올린다. 주전자에 물을 담아 끓인다. 원두를 넣기 전에 뜨거운 물을 부어 종이 필터 전체를 헹궈낸다. 흘러내린 물은 커피를 내리기 전에 버린다.
2 원두를 계량한다(153쪽 참조). 약간 고운 단계로 분쇄한다. 분쇄한 원두를 필터에 담는다.
3 드리퍼와 종이 필터, 포트를 저울에 올리고 정미 버튼을 누르거나 0점에 맞춘다.
4 주전자에 든 뜨거운 물을 부어 원두 전체를 적신다. 한가운데부터 시작하여 동심원을 그리며 바깥쪽으로 부어나간다. 원두를 흠뻑 적실 정도로만 물을 붓고, 거품이 위로 올라오는 블루밍(109쪽 참조)이 일어나도록 30초간 그대로 둔다.
5 계속해서 필터 가장자리까지 바깥쪽으로 원을 그리며 고르게 물을 붓는다. 원두당 투입해야 할 정확한 무게만큼 물을 부었을 때 멈춘다(153쪽 참조).
6 물이 전부 필터를 통과하려면 몇 분이 걸린다. 드립 속도가 느려질 즈음이면 맑고 산뜻한 커피가 다 우러나온 것이다.

핸드드립 커피 끓이기

퍼콜레이터

커피용 퍼콜레이터는 대부분 드리퍼로 대체되었지만, 아직도 많은 사람들이 집에서 간단히 커피를 끓일 때 퍼콜레이터를 사용한다. 퍼콜레이터는 다루기 쉽기 때문에 캠핑장이나 하이킹 장소에서도 사랑받는다. 전동이든 불에 올리는 것이든 똑같이 물을 끓여 분쇄 원두 사이로 뿜어 올리는 식으로 작동하며, 추출된 커피는 퍼콜레이터 바닥에 모여 마실 수 있게 준비된다.

필요한 것

커피용 퍼콜레이터, 주방용 디지털 저울, 버 그라인더, 물, 갓 로스팅한 원두

방법

1 파이프를 퍼콜레이터 바닥에 위치시킨다.
2 아래쪽 물통에 물을 채우되, 파이프 위에 필터 바스켓을 올리는 선 바로 아래까지만 채운다.
3 필터 바스켓을 파이프에 올린다.
4 커피 한 잔당 원두 15그램(¼컵에 살짝 못 미치는 정도)을 계량하여 버 그라인더로 거칠게 간다. 분쇄한 원두를 필터 바스켓에 담는다.
5 퍼콜레이터 뚜껑을 닫는다.
6 퍼콜레이터를 불에 올려 물을 끓인다(전동 퍼콜레이터를 사용할 경우 전원을 넣는다).
7 물이 끓어 커피가 추출되기 시작하면 퍼콜레이터에서 슈욱하는 물 뿜어내는 소리가 들릴 것이다. 소리가 잦아들면 커피가 다 끓은 것이다.
8 바로 잔에 따라 낸다.

퍼콜레이터로 커피 끓이기

2단계

3단계

4단계

5단계

사이펀/진공식 커피메이커

온도 변화로 인한 수증기의 팽창과 수축을 이용하여 뜨거운 물이 분쇄 원두를 통과하게 만드는 기구다. 다른 추출 기구보다 손이 많이 가지만 맑고 산뜻한 커피를 끓일 수 있다.

필요한 것

사이펀/진공식 커피메이커, 주방용 디지털 저울, 불, 버 그라인더, 숟가락, 대나무 젓개, 커피잔, 물, 갓 로스팅한 원두

방법

1 생산업체의 설명서에 따라 커피메이커를 설치한다. 필터를 따뜻한 물에 담갔다가 정확한 위치에 놓는다.
2 용량에 따라 물 300~400그램(약 1¼~1⅔컵)을 부어 넣는다. 커피메이커를 불에 올린다.
3 원두 25그램(약 ⅓컵)을 계량하고 버 그라인더를 사용하여 약간 고운 단계로 분쇄한다.
4 물이 95도쯤 되면 상부 플라스크로 올라갈 것이다. 대나무 젓개로 필터가 제자리에 있는지 확인한 다음 갓 분쇄한 원두를 상부 플라스크에 넣는다. 물을 살살 저어서 원두가 몇 초 안에 전부 잠기게 한다.
5 불을 살짝 줄여 물의 온도를 약 90도에 맞춘다. 그 이하로 떨어지면 원두가 제대로 우려지지 않은 채 커피가 하부 플라스크로 내려가기 때문에 주의해야 한다. 원두에서 가스가 배출되고 거품이 일어나는 동안 커피를 젓지 않고 1분간 끓인다.
6 불에서 내린다. 젓개로 물을 저어 크러스트를 깨뜨린다. 커피가 하부 플라스크로 내려가면 사이펀/진공 용기를 떼어내고 잔에 따른다.

사이펀으로 커피 끓이기

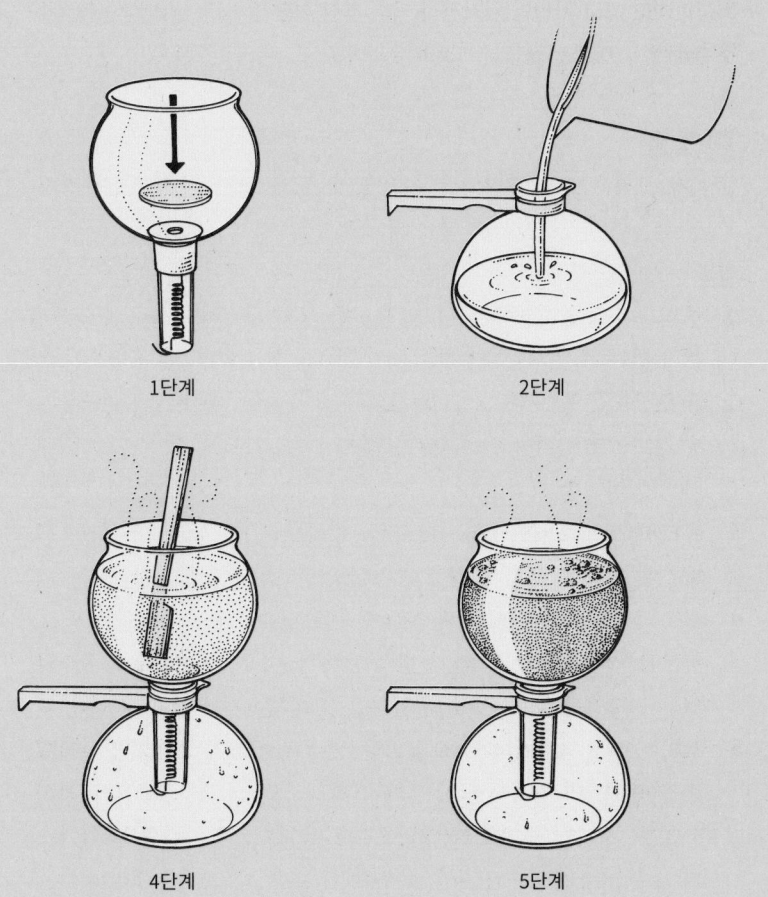

모카포트

마키네타 혹은 에스프레소 포트라고도 불리는 모카포트는 특히 이탈리아에서 지금까지도 가장 사랑받는 가정식 커피 추출 기구다. 작동 원리는 압축 증기로 분쇄 원두에 끓는 물을 통과시키는 것이다.

필요한 것
주전자, 모카포트, 버 그라인더, 숟가락, 불, 커피잔, 물, 갓 로스팅한 원두

방법
1. 주전자에 물을 담아 끓인다. 끓인 물을 모카포트 하부 물통의 안전밸브가 있는 지점까지 채운다.
2. 물을 끓이는 동안 버 그라인더로 원두를 곱게 간다. 바스켓 필터를 채울 정도의 분량이면 된다(4단계 참조).
3. 바스켓 필터를 모카포트에 고정시킨다. 밸브가 물에 잠기지 않도록 유의한다. 필요하면 물을 어느 정도 따라낸다.
4. 바스켓 필터에 곱게 분쇄한 원두를 원형 돔 모양으로 가득 담는다. 카운터에 바스켓 필터를 탁 쳐서 원두를 평평하게 만든다.
5. 원두를 탬핑하거나 꾹 눌러 담지 않는다. 고무 개스킷이 제 위치에 있는지 확인하고 모카포트의 상부를 돌려 끼운다.
6. 모카포트를 전열기나 불에 올린다. 아래쪽 전체가 가열되도록 하되 손잡이에는 열이 가지 않게 한다.
7. 5~10분 지나면 모카포트에서 꾸르륵거리는 소리가 난다. 이런 소리가 나기 시작하고 약 10~15초 후에 모카포트를 불에서 내린다. 그러고 나서도 커피는 한동안 끓고 있을 것이다. 끓는 소리가 멈추면 바로 잔에 따라 낸다.

모카포트로 커피 끓이기

에스프레소 머신

에스프레소는 가장 인기 있는 커피 추출 방식 중 하나로, 에스프레소 샷을 내리는 데 사용되는 기계의 종류도 무척 다양하다. 커피 전문가들이 권하는 원두 투입량과 추출 시간은 원두의 종류, 로스팅 방식, 개인 취향에 따라 큰 차이를 보인다. 런던의 로스팅 업체 클림슨 앤드 선스Climpson & Sons에서 제시한 다음 수치를 참고하자. 광범위한 실험과 연구로 얻어낸 결과로, 이들이 주최하는 바리스타 훈련 강좌에서도 사용된다.

에스프레소 머신을 쓸 때의 계량
원두 투입량 18~21그램
추출된 에스프레소의 무게 26~30그램
추출 시간 25~30초

필요한 것
더블 샷용 포터필터 바스켓과 그룹헤드 끓는 물과 압력을 이용하여 커피를 추출하는 장치로, 에스프레소 머신의 핵심이자 커피가 최종적으로 통과하는 부분이다.가 갖춰진 에스프레소 머신, 버 그라인더, 주방용 디지털 저울, 숟가락, 탬퍼와 매트, 타이머, 커피잔, 물, 갓 로스팅한 원두

방법
1 그룹헤드를 뗀 에스프레소 머신에 물을 통과시켜 남아 있는 원두 찌꺼기를 씻어낸다.
2 버 그라인더로 원두를 곱게 간 다음 그룹헤드에서 포터필터 바스켓을 분리한다. 저울로 분쇄 원두를 계량하여 포터필터 바스켓에 담는다. 원두의 무게가 위에 제시된 범위 내인지 확인한다.

에스프레소 머신으로 커피 끓이기

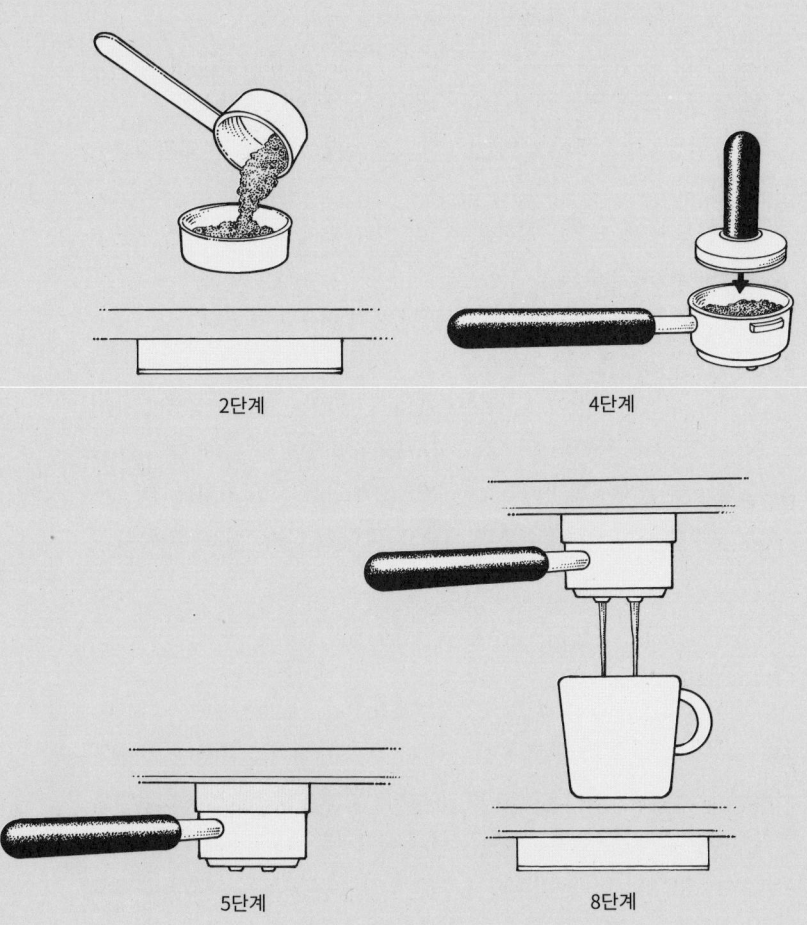

2단계

4단계

5단계

8단계

3 분쇄 원두를 평평하게 깎아내어 커피가 고르게 추출되도록 한다. 물은 최소저항 경로를 따라 흐르기 때문에, 원두가 불균일한 상태일 경우 물은 원두의 밀도가 가장 낮은 곳으로 통과한다. 그러면 원두의 일부는 과다 추출되고 일부는 과소 추출되어버린다.
4 포터필터 바스켓을 그룹헤드에 도로 끼우고 그룹헤드를 매트에 올린 뒤 탬퍼로 원두를 꾹꾹 눌러 담는다(165쪽 박스 참조).
5 그룹헤드를 에스프레소 머신에 도로 끼운다. 제대로 꽉 끼워졌는지 확인한다.
6 그룹헤드 아래 주방용 저울을 놓고 커피잔을 올린다. 정미 버튼을 누르거나 0점에 맞춘다.
7 추출 버튼을 누르는 동시에 타이머의 시작 버튼을 누른다.
8 커피가 추출되는 동안 무게와 추출 시간을 계속 살핀다. 추출 시간은 25~30초이며 추출된 에스프레소의 무게는 26~30그램이 되어야 한다. 같은 시간에 더 많은 원두를 투입하면 더 곱게 갈아 추출 과정을 늦추어야 하며, 더 적은 원두를 투입하면 더 거칠게 갈아 추출 과정을 빠르게 해서 과다 추출을 막아야 한다. 바로 잔에 따라 낸다.

리스트레토

리스트레토 샷은 가장 뜨겁게 논란이 되고 있는 커피의 유형에 속한다. 원래 수동 펌프식 에스프레소 머신으로 만들었는데, 단순히 손잡이를 일반적인 에스프레소 샷을 내리듯 빠르게 두 번 잡아당기면 되었다. 리스트레토ristretto란 이탈리아어로 '제한된'이라는 뜻으로, 에스프레소보다 맛이 선명하면서도 덜 쓴 농축된 샷이 추출된다. 리스트레토 샷을 만드는 다양한 방식이 있는데, 다음에 설명된 두 가지 방식은 가정의 개인 바리스타들이 가장 손쉽게 해볼 수 있는 것이다. 단축 추출은 추출 과정 끝에 녹아 나오는 가용성 물질이 제외되기 때문에 느린 추출보다 덜 사용되는 편이다. 캐러멜과 건류 성분은 커피에 확실하게 바디와 향미를 더해주지만 한편으로 쓴맛의 원인이 되기도 한다.

탬핑의 과학

많은 바리스타 트레이너들이 딱 정확한 만큼의 압력으로 원두를 탬핑하는 방법을 가르친다. 하지만 가정의 개인 바리스타들은 압력 정도를 헤아리기가 쉽지 않다. 이상적인 상태에 제일 가까워지려면 손바닥 위쪽으로 탬퍼를 감싸쥐도록 한다. 엄지와 검지를 탬퍼 맨 아랫부분의 서로 반대편에 두고 탬퍼를 포터필터 안으로 넣는다. 엄지와 검지로 포터필터 바스켓과 탬퍼 가장자리를 더듬어 탬퍼가 제대로 자리 잡았나 확인한다. 그룹헤드를 카운터의 낮은 곳에 올려 온몸의 무게를 실어 원두를 누를 수 있도록 한다. 원두를 누른 다음 마지막에 탬퍼를 둥글게 돌리며 원두의 표면을 매끄럽게 한다. 그룹헤드의 가장자리로부터 흘러나온 분쇄 원두는 손으로 쓸어낸다. 네 번을 더 누르되 각각 동서남북 방향으로 집중하여 원두가 구석구석 고르게 눌러지게 한다(흔히 스타우브 탬프라고 알려진 방식). 마지막으로 한 번 더 탬퍼를 돌려 표면을 매끄럽게 한다.

느린 추출법

앞에 설명한 대로(162쪽 참조) 에스프레소 머신을 준비하고 커피를 추출하되, 원두를 조금 더 곱게 분쇄하거나 혹은 원두를 더 많이 투입한다(후자보다 전자의 방법을 추천한다). 이렇게 하면 추출 과정을 늦추어 일반적인 에스프레소보다 양은 적지만 진하고 강렬한 샷을 뽑을 수 있다.

단축 추출법

앞에 설명한 대로(162쪽 참조) 에스프레소 머신을 준비하고 커피를 추출하되, 마지막 단계에서 블론딩이 시작될 쯤에 샷을 끊어 추출 시간을 25퍼센트 정도 줄인다(아래 박스 참조).

> **블론딩이란?**
>
> 추출 과정에서 물에 녹아 나오는 화합물이 시간별로 달라지기 때문에, 그룹헤드에서 나오는 커피의 색도 차츰 바뀐다. 처음에는 진갈색을 띠며 시럽처럼 짙던 커피는 추출이 진행되면서 옅고 묽어져 마침내 연갈색이나 연노란색으로 바뀌는 소위 '블론딩' 단계에 접어든다. 이 단계에서 에스프레소 샷을 끊어야 한다는 선입견이 퍼져 있지만, 커피 맛의 균형을 잡으려면 이 단계에서 녹아 나오는 여러 가지 화합물들이 필요하다.

에스프레소 음료 만들기

아메리카노

일설에 따르면 아메리카노는 유럽에서 일하던 미국인 급사들이 발명했으며, 진한 유럽식 에스프레소를 미국인들이 고향에서 마시던 방식으로 바꾼 것이라고 한다(이 이야기가 어느 정도까지 사실인지는 불확실하다).

아메리카노를 만들려면 일반적인 에스프레소 샷 30그램(2큰술)을 큰 머그잔에 추출한 다음(162쪽 참조) 뜨거운 물 120그램(½컵)을 더한다. 맛을 보고 원하는 농도에 맞춰 더 희석해도 좋다.

롱 블랙

오스트레일리아와 뉴질랜드에서 인기 있는 이 음료는 아메리카노와 정반대이다. 잔에 뜨거운 물을 담고 거기에 에스프레소 샷을 추출하는 것이다(162쪽 참조). 따라서 샷 위의 부드러운 거품 층인 크레마는 그대로 보존된다.

라테

일반적인 에스프레소 샷 30그램(2큰술)을 라테용 유리잔이나 머그잔에 추출한다(162쪽 참조). 이런 잔들은 용량이 170그램에서 220그램까지(¾컵에서 1컵까지) 다양하다. 유리잔이나 머그잔을 살짝 기울이고 우유 피처를 잔 가장자리 위로 몇 센티미터 떨어져 든 채 거품 낸 뜨거운 우유(63~65쪽 참조)를 잔 속의 가장 높은 지점, 즉 커피가 가장 연한 지점에 부어 넣는다. 높은 곳에서 부어 넣은 우유의 일부는 크레마 아래로 들어갈 것이다. 우유 피처를 살짝 돌려가면서 잔을 ⅓까지 채운 뒤 피처를 낮추어 잔 가장자리에 가까이 가져간다. 그런 다음 피처를 엄지와 검지로 슬쩍 잡고 잔을 처음 높이까지 올리면서, 피처를 슬슬 양옆으로 흔들어 미세한 우유 거품이 곧바로 잔 아래쪽까지 흘러내려가게 한다. 고사리 같은 모양의 로제타rosetta가 만들어지기 시작하고 우유 피처의 바닥이 보이면 얼른 다시 피처를 위로 올려 로제타를 마무리짓는다. 잔이 다 채워졌을 때에 이 시점을 제대로 맞추려면 어느 정도의 연습이 필요할 것이다.

라테에서 커피와 우유의 비율에 대해서는 논란이 분분하므로, 개인 취향에 맞추어 에스프레소를 희석한다는 목적에 초점을 맞추도록 한다. 하지만 일반적으로 라테는 에스프레소와 우유, 그리고 위에 얹힌 약 1센티미터 두께의 거품으로 이루어져야 한다.

우유를 이용한 에스프레소 음료 만들기

63~65쪽의 설명에 따라 우유에 거품을 낸다. 조밀하고 매끄럽고 뜨거운 우유 거품을 만들어 바로 커피에 따를 수 있는 상태로 잘 놓아둔다. 162쪽의 설명에 따라 에스프레소 추출 준비를 하고 잔을 살짝 움직여 샷을 돌리며 크레마가 잘 섞여들게 한다.

피콜로 라테

이 에스프레소 음료는 간단히 말해서 진한 미니 라테라고 할 수 있으며, 보통 ½사이즈의 에스프레소 유리잔이나 도자기 잔으로 낸다. 라테와 같은 방식으로 준비하되 커피와 우유의 비율을 1대 1로 맞춘다. 에스프레소와 거품 낸 우유를 같은 양으로 넣고 우유 거품 층을 올리는 것이다. 이 음료는 여러 국가에서 다양한 이름으로 불리는데, 프랑스에서는 카페 누아제트café noisette라고 한다.

카푸치노

카푸치노를 위해서는 라테보다 작은 잔을 고르는 것이 좋다. 카푸치노용 머그잔은 대체로 얕고 입구가 넓으며 용량은 180그램(¾컵) 정도다. 마찬가지로 에스프레소 샷 30그램(2큰술)을 추출한 다음(162쪽 참조) 라테를 만들 때 동일한 손동작으로 우유를 부어 넣는다(167~168쪽 참조). 카푸치노는 라테보다 우유가 적고 거품은 많아야 하므로 우유를 더 빨리 부어 미세한 거품이 많이 들어가게 한다. 무가당 코코아 가루를 얹을 경우, 잔이 ⅓까지 찼을 때 우유 붓기를 멈추고 코코아 가루를 살짝 뿌린 다음 우유를 마저 부어 넣는다. 이렇게 하면 코코아 가루 위에 로제타가 만들어진다.

우유에 거품이 충분히 생기지 않았다면 살짝 속임수를 쓸 수 있다. 잔이 반쯤 찼을 때 우유 붓기를 멈추고 숟가락으로 우유 거품을 떠서 올린다. 카푸치노의 에스프레소와 우유, 거품의 비율에 대해서는 지역별로 혹은 카페의 특정한 관습에 따라 무수한 변형이 존재한다. 미국 스페셜티 커피 협회는 카푸치노의 비율을 정확하게 제시하는 대신 단순히 '조화롭게 균형을 이룬' 상태로 정의한다.

영국, 미국, 오스트레일리아 같은 국가의 카푸치노 잔은 보통 큼직한 반면, 유럽에서 카푸치노는 전통적으로 '3분의 1 음료'로 알려져 있다. 프랑스에서 카푸치노를 주문하면 에스프레소와 우유와 위에 얹힌 거품의 양이 각각 1:1:1로 맞춰진 커피가 나올 것이다. 이상적인 카푸치노는 라테보다 더 진해야 한다.

마키아토

마키아토 역시 종종 잘못 이해되고 있는 에스프레소 음료이다. 마키아토는 이탈리아어로 '얼룩진'이라는 뜻인데, 말 그대로 커피에 우유를 뿌려주기만 하면 된다. 에스프레소 샷 30그램(2큰술)을 원하는 잔에 추출한 다음(162쪽 참조) 그 위에 거품 낸 우유를 살짝 뿌린다. 이 같은 전통적인 방식으로 마키아토를 내는 카페 바리스타들도 있지만, 어떤 이들은 우유 거품을 가득 얹어 피콜로 라테(168쪽 참조)에 가까운 방식으로 내기도 한다.

코르타도

에스파냐와 포르투갈에서 인기 있는 이 음료는 마키아토에 가깝지만, 에스프레소 위에 거품을 뿌리는 대신 살짝 거품 낸 우유를 얹어 산도를 낮춘다.

플랫 화이트

오스트레일리아와 뉴질랜드에서 유래한 이 음료는 종종 카푸치노 잔보다 약간 작은 도자기 잔에 나온다. 에스프레소 샷 30그램(2큰술)을 추출한 다음(162쪽 참조) 매끄럽고 고르게 섞은 미세한 우유 거품을 라테와 같은 방식으로 부어 넣는다. 다만 조금 천천히 부어서 거품의 밀도를 낮추고 잔 가장자리에 닿기 직전에 우유 붓기를 멈춘다. 플랫 화이트는 라테보다 진한데, 라테에 비해 우유보다 에스프레소가 많이 들었고 거품은 위를 살짝 덮을 정도로 거의 없는 것이나 다름없기 때문이다. 거품층을 살짝 긁어내기만 해도 바로 우유가 보일 정도여야 한다.

카페 모카

전해오는 이야기에 따르면 이 음료는 초콜릿 향미가 뚜렷한 특정 원두의 수출로 유명해진 예멘의 항구 도시 이름에서 따온 것이라고 한다. 또 다른 이야기에 따르면 카페 모카는 미국에서 발명된 것으로, 인기 있는 핫 초콜릿과 라테를 한꺼번에 섞고 캐러멜 등 다양한 맛의 시럽을 더하여 만들어진 음료라고 한다. 어쨌든 모카가 전 세계에서 인기 있는 달콤하고 뜨거운 카페인 음료라는 건 분명하다. 라테와 같은 방식으로 만들되(167~168쪽 참조) 다만 우유를 부어 넣기 전 에스프레소 샷에 코코아 가루 1~2작은술을 넣고 잘 섞어야 한다는 점이 다르다. 카페 모카는 보통 도자기 머그잔에 담고 무가당 코코아 가루를 뿌려서 낸다.

아포가토

아포가토는 이탈리아어로 '끼얹다'라는 뜻이며, 에스프레소 잔에 아이스크림 한 스쿱을 담고 그 위에 에스프레소 샷을 끼얹어 아이스크림을 살짝 녹인 뒤 먹는다. 이탈리아에서는 종종 후식으로 즐기는 달콤한 음료로, 아이스크림의 녹지 않은 부분은 숟가락으로 떠먹고 녹은 아이스크림은 에스프레소와 섞어 홀짝홀짝 마신다.

코레토

이탈리아어로 '수정修訂한 커피'라는 뜻의 카페 코레토는 이탈리아에서 후식으로 인기 있는 또 다른 음료이다. 에스프레소 샷에 리큐어를 한 잔 넣기만 하면 되는데 보통 삼부카(이탈리아에서 생산되는 아니스 향의 리큐어.나 브랜디, 그라파(이탈리아산 브랜디 종류)를 사용한다.

프렌치 프레스

분쇄 원두를 물에 담가놓고 커피를 우린 뒤 플런저로 걸러내 원두를 제거하고 마시는 간단한 추출 방식이다.

필요한 것
주전자, 프렌치 프레스, 주방용 디지털 저울, 버 그라인더, 숟가락, 타이머, 커피포트(선택 사항), 커피잔, 물, 갓 로스팅한 원두

방법
1 프렌치 프레스에 뜨거운 물을 채워 잠시 예열한다.
2 사용하는 프렌치 프레스의 크기와 선호하는 커피 농도에 맞춰 충분한 원두를 계량한다. 처음에는 물 100그램(½컵에 살짝 못 미치는 양)에 원두 5~7그램(약 1큰술)으로 시작하는 게 좋다.
3 원두를 거칠게 분쇄한다.
4 물을 새로 떠서 끓인 다음 30초에서 1분 동안 식혀서 끓는점에 살짝 못 미치는 온도로 만든다.
5 물을 끓이는 동안 프렌치 프레스를 예열한 물을 버리고 분쇄 원두를 넣는다. 주방용 저울의 정미 버튼을 누르거나 0점에 맞춘다. 타이머를 4분에 맞춘다.
6 주전자에 든 뜨거운 물을 위의 무게만큼 원두 위로 부어 넣는다. 프렌치 프레스 안을 살짝 휘저어 원두에 마른 부분이 남지 않도록 한 다음 타이머를 켠다.
7 프렌치 프레스에 뚜껑을 덮되 아직 플런저는 내리지 않는다. 이렇게 하면 커피가 우러나는 동안 온도가 유지된다.
8 3분 45초 후에 뚜껑을 열고 숟가락으로 위에 뜬 분쇄 원두를 떠낸다.

프렌치 프레스로 커피 만들기

1단계

3단계

8단계

9단계

이렇게 하면 잔에 남는 침전물을 줄이고 과다 추출도 막을 수 있다.

9 다시 뚜껑을 덮고 플런저를 내린다. 몇 초간 가만히 두었다가 바로 잔에 따라 낸다. 바로 마시지 않는다면 다른 포트로 옮겨 더 이상의 추출을 막는다.

침전물

상당수의 커피 추출 방식은 추출 뒤에 자잘한 침전물이 남기 마련이다. 이를 피하기는 거의 불가능한데, 원두를 더 거칠게 분쇄하면 과소 추출이 발생하기 쉬우며 필터를 더 미세하게 만들면 물의 흐름이 느려지고 아로마와 향미에 중요한 가용성 고체 및 오일 성분이 걸러져버리기 때문이다.

침전물을 최소화하기 위해 다양한 방법이 고안되어왔다. 프렌치 프레스는 우려낸 커피 아래로 필터를 내려 원두 찌꺼기를 가두어버림으로써 최대한 커피와 분리시키도록 만들어져 있다. 하지만 필터의 구멍이 비교적 크기 때문에 여전히 커피에 어느 정도 침전물이 남는데, 그럼으로써 커피의 아로마 오일 성분이 온전히 유지되는 장점이 있긴 하다. 케멕스 커피메이커는 두꺼운 종이 필터로 침전물을 대부분 걸러내지만 그 대신 아로마 오일 성분도 상당 부분 놓치게 된다. 진공식 커피메이커 역시 침전물이 적은 편인데, 그러면서도 많은 오일 성분을 커피에 녹여낼 수 있는 추출 방식이다.

대부분의 커피 추출 방식에서 침전물을 최소화하는 가장 간단한 방법은 우려낸 커피를 1분가량 가만히 두어 침전물을 전부 가라앉힌 다음 따르는 것이다. 그렇다 해도 약간의 침전물이 커피에 남는 건 피할 수 없으니, 마지막 한 모금은 마시지 말고 그냥 남기도록 하자. 대부분의 침전물은 잔 밑바닥에 머물기 때문이다.

원두를 어느 정도로 분쇄할지 계속 확인하고 조절하는 것도 도움이 된다. 너무 곱게 분쇄한 원두를 쓰면 어떻게 걸러내든 커피에 침전물이 많아질 것이다. 하지만 침전물이 어느 정도 남는 것이 적당한지 판단하기란 어려운데, 추출 방식에 따라 잔에 남는 침전물의 양도 다르기 때문이다. 가장 좋은 접근법은 일단 맛과 컵 프로필 위주로 커피를 추출하고 그다음에 분쇄 단계와 걸러내는 방식을 조절하여 침전물을 줄이는 것이다. 처음부터 침전물을 줄이려고 애쓴 다음 향미에 집중하기보다는 이런 접근이 낫다. 커피를 오래 방치하지 않는 이상 침전물이 향미에 특별한 악영향을 미치진 않는다. 그러므로 완벽한 커피 한 잔을 위한 여정에서 침전물은 제일 마지막에나 걱정할 문제다.

에어로프레스

플런저와 미세 필터를 이용하여 침출식으로 커피를 추출하는 기구다. 에어로프레스에 적혀 있는 숫자는 사용할 원두와 물의 분량을 가리킨다. 원두 1스쿱이 커피 한 잔을 만들므로, 예를 들어 커피 두 잔(2스쿱)을 만들려면 에어로프레스에 2라고 적힌 지점까지 물을 채워야 한다. 물을 끓이기 전에 먼저 에어로프레스로 계량하여 주전자에 담아도 된다.

필요한 것
주방용 디지털 저울, 버 그라인더, 에어로프레스 커피메이커와 종이 미세 필터, 커피잔(컵, 머그잔, 피처 등), 주전자, 타이머, 물, 갓 로스팅한 원두

방법

1. 원두를 계량하여 버 그라인더로 에스프레소 머신용 원두보다 살짝 더 곱게 분쇄한다. 원두를 계량할 때는 에어로프레스에 딸린 스쿱을 사용한다. 가득 담은 1스쿱은 커피 한 잔에 적당한 분량인 약 17그램이다(3큰술에 살짝 못 미치는 정도).
2. 종이 미세 필터를 에어로프레스 필터캡에 끼우고 뜨거운 물로 헹궈 낸다. 에어로프레스 안쪽을 뜨거운 물로 헹궈 예열한다. 필터캡을 돌려서 꼭 맞게 끼우고 에어로프레스를 추출 용기 위에 올린다.
3. 분쇄 원두를 에어로프레스에 넣는다. 에어로프레스에 딸린 깔때기를 위에 올리면 더 쉽게 원두를 넣을 수 있다.
4. 물을 계량하여 주전자에 담고 끓인 다음 30초에서 1분 동안 식혀서 끓는점에 살짝 못 미치는 온도로 만든다. 이상적인 물의 온도는 75~80도이다.

에어로프레스로 커피 만들기

5 살짝 식힌 물을 분쇄 원두에 조금 부어 적신다. 에어로프레스에 딸린 젓개로 20초 정도 원두를 휘젓는다.
6 물을 전부 부어 넣는다. 사용한 원두의 스쿱 수와 에어로프레스 안의 수위 숫자가 일치해야 한다.
7 플런저 주위의 검은 고무링을 적셔서 에어로프레스 위쪽에 끼워 넣는다. 플런저를 천천히 내리누르며 추출 용기에 흘러드는 커피를 살펴본다.
8 에어로프레스에서 쉭 소리가 나면 그만 누르고 추출 용기에서 내린다. 누르는 데 힘이 전혀 들지 않았다면 원두를 너무 거칠게 간 것일 수 있다. 반대로 누르는 데 힘이 많이 들었다면 원두가 너무 곱게 갈렸을 수 있다. 참고하여 다음번에 분쇄 단계를 조절한다.
9 추출한 커피에 뜨거운 물을 타서 취향대로 농도를 맞춘 다음 낸다.

콜드브루

콜드브루 커피는 보통 밤새 진하게 우려낸 다음 희석하여 담아 낸다. 콜드브루의 장점은 커피 농축액을 2주 혹은 그 이상 냉장해둘 수 있다는 것이다. 이 책에는 다음의 두 가지 방법을 소개한다.

토디 혹은 필트론 콜드브루

필요한 것

주방용 디지털 저울, 버 그라인더, 토디 혹은 필트론 커피메이커, 숟가락, 커피잔, 물 1655그램(7컵), 갓 로스팅한 원두 340그램(약 4¼컵)

방법

1. 원두를 계량하여 버 그라인더로 거칠게 분쇄한다. 비교적 고운 빵가루 정도의 질감이어야 한다.
2. 추출 용기 밑바닥에 플러그를 끼워넣는다. 찬물로 필터를 적셔서 추출 용기 안에 넣는다.
3. 추출 용기에 물 235그램(1컵)과 분쇄 원두의 절반을 담는다. 추가로 물 710그램(3컵)을 서서히 원을 그리며 부어 넣어 원두 전체를 적셔준다. 나머지 원두를 넣고 5분간 가만히 둔다.
4. 나머지 물 710그램(3컵)을 서서히 부어 넣는다. 휘젓지 않고 원두 전체를 살살 눌러서 고르게 적셔준다. 원하는 농도에 따라 12~18시간 동안 우려낸다.
5. 추출이 끝나면 커피가 전부 담길 만큼 큰 용기 위에 놓고 플러그를 뺀다. 커피가 걸러져 나오면 용기를 냉장고에 담는다.
6. 커피를 낼 때 원하는 농도에 맞춰 물이나 우유로 희석한다. 처음에는

콜드브루 커피 만들기

2단계

3단계

5단계

6단계

1대 1 비율로 시도해보자. 아이스커피로 마시려면 잔에 얼음을 넣고 그 위에 커피와 우유를 붓는다.

냉침

필요한 것

주방용 디지털 저울, 버 그라인더, 숟가락, 메이슨 자일구가 넓은 유리병. 나 뚜껑 달린 냄비나 덮을 수 있는 대형 용기, 프렌치 프레스(172쪽 참조) 혹은 덮개용 무명천과 끈이나 고무줄, 밀폐 용기, 커피잔, 물, 갓 로스팅한 원두

방법

1. 원두를 계량하여 버 그라인더로 거칠게 분쇄한다. 비교적 고운 빵가루 정도의 질감이어야 한다.
2. 분쇄한 원두를 메이슨 자나 냄비 혹은 대형 용기에 넣고 찬물을 부어 넣는다. 원두와 물의 비율은 대략 1대 4에서 1대 5여야 하므로 원두 1컵당 물 4~5컵을 투입하되, 취향에 따라 비율을 조정할 수 있다.
3. 메이슨 자나 냄비 혹은 대형 용기를 뚜껑이나 덮개로 덮는다. 12~18시간 우려낸다.
4. 추출이 끝나면 바로 커피를 걸러낸다. 프렌치 프레스에 부어 넣고 플런저를 내리거나, 혹은 깨끗한 용기 안에 무명천을 걸쳐놓고 용기 가장자리를 끈이나 고무줄로 묶어 고정시킨 다음 부어서 거른다.
5. 걸러낸 커피 농축액은 밀폐 용기에 담아 2주까지 냉장 보관할 수 있다.
6. 커피를 낼 때 농축액을 물이나 우유에 1대 1로 희석한다. 원하는 농도에 맞춰 조절한다.

냉침으로 커피 만들기

2단계

3단계

4단계

6단계

맺음말

커피는 우리의 미뢰에 오래도록 영향을 미쳐왔다. 수 세기 전 처음 발견된 이후로 오늘날까지 우리를 자극하고 각성시켜주었으며, 수백 명의 사람들이 완벽한 커피를 찾는 데 긴 시간을 바치도록 만들었다.

원두를 로스팅하고 분쇄하고 추출하고 커피를 내는 데 사용되는 수많은 기계와 도구의 발명을 통해, 특정 향미를 추출해내기 위한 온갖 기술과 방법의 발달에 의해, 혹은 단순히 대화의 소재로서 커피는 우리 삶에 다방면으로 침투해 있다. 현대의 노동과 사회관계, 일상 활동과 그 막간의 여가에는 종종 어떤 식으로든 커피를 마시는 행위가 얽혀든다. 그런 점에서 커피는 우리의 사회사를 반영하며, 우리가 선택한 커피의 종류는 시대의 유행과 관심사를 비춰준다. 출근길에 테이크아웃 잔으로 마시는 카푸치노든, 카페 창가에서 홀짝이는 진하고 짙은 에스프레소든, 전문가가 핸드드립으로 내리고 친구들과 수다를 떨며 음미하는 단일 원산지 커피든, 커피는 우리의 생활 방식에서 필수적인 존재다.

참고 문헌

Avelino, J., Barboza, B., Araya, J. C., Fonseca, C., Davrieux, F., Guyot, B., et al. (2005). Effects of slope exposure, altitude and yield on coffee quality in two altitude terroirs of Costa Rica, Orosi, and Santa Maria de Dota. *Journal of the Science of Food and Agriculture*, 85 (11), 1869-1876.

Barrett-Connor, E., Chun Chang, J., & Edelstein, S. (1994). Coffee-Associated Osteoporosis Offset by Daily Milk Consumption: The Rancho Bernardo Study. *The Journal of the American Medical Association*, 271 (4), 280-283.

Calvin, C., Holzhaeuser, D., Scharf, G., Constable, A., Huber, W., & Schilter, B. (2002). Cafestol and kahweol, two coffee-specific diterpenes with anticarcinogenic activity. *Food Chem Toxicology*, 40 (8), 1155-1163.

Duarte, G., & Farah, A. (2011). Effect of simultaneous consumption of milk and coffee on chlorogenic acids' bioavailability in humans. *Journal of Agricultural and Food Chemistry*, 59 (14), 7925-7931.

Farah, A., Monteiro, M., & Donangelo, C. M. (2008). Biochemical, Molecular and Genetic Mechanisms: Chlorogenic Acids from Green Coffee Extract are Highly Bioavailable in Humans, *Journal of Nutrition*, 138 (12), 2309-2315.

Merritt, C., Bazinet, M., Sullivan, J., & Robertson, D. (1963). Mass Spectrometric Determination of the Volatile Components from Ground Coffee. *Agricultural and Food Chemistry*, 152-155.

Noyet, S., & Nehlig, A. (2000). Dose-response study of caffeine effects on cerebral functional activity with a specific focus on dependence. *Brain Research*, 858 (l), 71-77.

Queensland Government. (2013, October 23). *Coffee Processing at home*. Retrieved June 22, 2014, from Department of Agriculture, Fisheries and Forestry: https://www.daff.qld.gov.au/plants/fruit-and-vegetables/specialty-crops/coffee-processing-in-the-home

Ratnayake, W., Hollywood, R., O'Grady, E., & Stavric, B. (1993). Lipid content and composition of coffee brews prepared by different methods. *Food Chemistry Toxicology*, 13 (4), 263-269.

Refiller, Bern, 2013, *Lifecycle Assessment: reusable mugs vs. disposable cups*, www.refiller.ch

Richelle, M., Tavazzi, I., & Offord, E. (2001). Comparison of the Antioxidant Activity of Commonly Consumed Polyphenolic Beverages (Coffee, Cocoa, and Tea) Prepared per Cup Serving. *J. Agric. Food Chem.*, 49 (7), 3438-3442.

Urgert, R., Essed, N., van der Weg, G., Kosmeijer-Schuil, T., & Katan, M. (1997). Separate effects of the coffee diterpenes cafestol and kahweol on serum lipids and liver aminotransferases. *The American Journal of Clinical Nutrition*, 65 (2), 5 19-524.

Watanabe, T., Arai, Y., Mitsui, Y., Kusuara, T., Okawa, W., Kajihara, Y., et al. (2006). The blood pressure-lowering effect and safety of chlorogenic acid from green coffee bean extract in essential hypertension. *Clinical and experimental hypertension*, 28 (5), 439-449.

Wright, G., Baker, D., Palmer, M., Stabler, D., Mustard, J., Power, E., et al. (2013). Caffeine in Floral Nectar Enhances a Pollinator's Memory of Reward. *Science*, 339 (6124), 1202-1204.

참고 웹사이트

오스트레일리아 스페셜티 커피 협회
www.aasca.com

영국 커피 협회
www.britishcoffeeassociation.org

캐나다 커피 협회
www.coffeeassoc.com

생두 협회
www.greencoffeeassociation.org

커피에 대한 과학 정보 연구소
www.coffeeandhealth.org

국제커피협회
www.ico.org

전미 커피 협회
www.ncausa.org

로스터 길드
www.roastersguild.org

미국 스페셜티 커피 협회
www.scaa.org

유럽 스페셜티 커피 협회
www.scae.com

세계 커피 연구소
www.worldcoffeeresearch.org

찾아보기

ㄱ

가공 30, 32
    건식법 32-3
    반습식법 36-7
    습식법 33-6
가용성 향미 그룹 104-5
가찌아 125-7
갈변한 설탕 104
거품 낸 우유 63-5, 132, 136-8, 168
거품기 136-8
건강 41, 43, 45, 46, 52, 55, 60, 68
건류 성분 105
고도 18, 19, 26-8
골라 따기 26, 29-31
국제커피협약 13
국제커피협회(ICO) 13, 18
균형 102, 110-1

ㄴ

녹색혁명 21

ㄷ

달임법 95, 117-8, 146-7
데미타세 140-1

도구 134-8
드립/필터 커피 78, 95-6, 130, 151-5
    분쇄 단계 82, 95-6, 97
    사전 적시기 109
    자동 드립 95-6, 130-1, 151-3
    종이 필터 45
    핸드드립 82, 95, 153-5
디지털 저울 106-7, 134-5, 145
디카페인 55-9
    스위스 워터 방식 57-9
    용매 방식 55-7
    이산화탄소 방식 57-8
따기 26, 29-31

ㄹ

라테 141, 167-8
로부스타 16, 17, 19-20, 49
    가공 33
    고도 20, 26-8
    로스팅 74
    지방질 46
    카페인 18, 19, 27

항산화제 44
로스팅 72
    DIY 로스팅 84-8
    로스팅 기계 78-9
    로스팅 유형 75-7
    샘플용 로스팅 기계 88
    영향 43-4, 46, 50-2, 72
    오븐 로스팅 85
    유럽식 로스팅 74
    제3의 커피 74-5
    팝콘 기계 85-6
    프라이팬 86
롱 블랙 167
리베리카 20
리스트레토 164

ㅁ

마이야르 반응 44, 46, 50, 72, 73
마이야르 화합물 104
마키아토 170
머그잔 139
멜라노이딘 44
모카포트 78, 97, 122, 124, 160-1
물 108

사전 적시기 109
온도 109
종류 108
커피와 물의 비율 106-7, 153
미국 스페셜티 커피 협회 (SCAA) 71, 100, 104, 106, 169
미네랄 24, 47, 108

ㅂ
버 그라인더 81, 97
버본 17, 19, 22
병충해 19, 20, 21
보관 45, 53, 67, 89-90
보스턴 티파티 13, 14
보온 주전자 141
보온병 141
분쇄 53, 80
　버 그라인더 81, 97
　분쇄 단계 80-4, 95, 96, 97, 117
　블레이드 그라인더 80
　분자 융화 6-7, 39
브리키 117
블레이드 그라인더 80-1

블론딩 166
비율 106-7

ㅅ
사이펀/진공식 82, 119-20, 158-9
사전 적시기 109
산도 18, 46, 51, 98
산미(클로로겐산) 46, 51, 104
생두 67-8
　결점두 69-71
　등급 매기기 71
　추출 68
　항산화제 43, 68
생물다양성 21-2
수확 29-31
스타벅스 15, 74
스트레커 분해 50

ㅇ
아데노신 6, 39
아라비카 12, 17, 18-9, 20, 48
　가공 32
　경작 18-9

고도 18-9, 20, 26, 27
골라 따기 26, 30
로스팅 74
버본 17, 19, 22
인스턴트커피 93
지방질 46
카페인 18, 28
티피카 17, 18-9
항산화제 44
아메리카노 167
아포가토 171
알데히드 50, 51
알칼로이드 46-7
야생종 21
에스프레소 78, 95, 96-8, 125-6
　느린 추출법 165
　단축 추출법 165
　라테 167-8
　롱 블랙 167
　리스트레토 164
　마키아토 170
　모카 171
　모카포트 78, 97, 122, 124, 160-1
　분쇄 단계 81, 82, 83,

97
아메리카노 167
아포가토 171
에스프레소 머신 162-4
    추출 102-4, 110, 111
    카푸치노 169
    커피와 물의 비율 106-7
    코레토 171
    코르타도 170
    크레마 19, 102, 125, 167, 168
    플랫 화이트 170
    피콜로 라테 168
에어로프레스 82, 97, 175-7
온도계 85, 86, 109, 136
용해도 99-101
우유 60-2
    거품기 136-8
    식물성 우유 대체품 61-2
    유단백질 61
    유당 61-2
    우유 거품 만들기 63-5, 132, 136-8, 168
    유지방 61
유당 61-2
유럽식 로스팅 74
유전자 조작 21
음식 112
음식과의 조합 112

이브릭 117
인스턴트커피 91-3
일회용 컵 139-40

ㅈ

자당 52
자동 드립 커피메이커 95, 130-1, 151-3
잡종 21-2
재사용 가능 테이크아웃 컵 140
제3의 커피 74-5, 95, 106
제즈베 117
지방질 24, 40, 45, 95

ㅊ

총 용존 고형물(TDS) 99
추출(추출 방식, 분쇄) 102-5, 110
추출 방식 95
    달임법 95, 117-8, 146-7
    드립/필터 78, 82, 95-6, 109, 130, 151-5
    모카포트 78, 97, 122, 124, 160-1
    에어로프레스 82, 97, 175-7
    콜드브루 82, 98, 178-81
    터키식 11, 81, 82, 96, 117-8, 148-9
    퍼콜레이터 96, 124, 128-9, 156-7
    프렌치 프레스 53, 78, 82, 97-8, 172-4
추출 조정표 99-101, 102, 103
침전물 97, 174

ㅋ

카우보이식 커피 117, 146-7
카페 모카 171
카페인 6-7, 24, 40-2, 43
    로부스타 커피 18, 19, 27-8
    분쇄 단계와 카페인 81, 83
    아데노신과 카페인 6, 39
    아라비카 커피 18, 27-8
    영향 40-1, 55, 60
카페티에르 프렌치 프레스 참조
카푸치노 169
캐러멜화 52, 74, 104
캡슐 커피머신 130, 132-3
커피의 역사 9-15
커피의 해부학 23-5

커피잔 139-43
커핑 방법 53-4, 82, 132
케멕스 커피메이커 82, 174
케톤 50, 51
코나 18
코레토 171
코르타도 170
콜드브루 82, 98, 178-81
   냉침 180
콜럼버스의 교환 12
크레마 19, 102, 125, 167, 168
클로로겐산 19, 24, 43, 44, 46, 60, 68
클로버 커피머신 119

ㅌ

탬핑 135, 165
터키식 커피 11, 96, 117-8, 148-9
   분쇄 단계 81, 82, 96
토디 커피메이커 98, 178
트리고넬린 43, 46, 52
티피카 17, 18-9

ㅍ

팝콘 기계 85-6
퍼콜레이터 96, 124, 128-9, 156-7

페놀/폴리페놀(클로로겐산) 43-4, 60
프렌치 프레스 53, 78, 82, 97-8, 172-4
   침전물 97, 174
플랫 화이트 170
피베리 24-5
피스톤식 125
피콜로 라테 168
필터 커피 드립/필터 커피 참조
필트론 커피메이커 98, 178

ㅎ

할당량 제도 13-4
항산화제 (클로로겐산) 19, 43-4, 46, 60, 68, 91
핸드드립 82, 95, 153-5
훑어 따기 26, 29

감사의 말

이 책을 위해 암스테르담에서 멜버른까지 돌아다니며 자료를 찾고 커피가 자신의 인생이라고 말하는 여러 멋진 사람들과 대화를 나눴다. 그들이 없었다면 이 책은 나오지 못했을 것이다.

에스프레소 계량 공식을 비롯해 그들의 지식과 기술을 공유해준 댄 던과 클림슨 앤드 선스 회사에 감사한다. 월드 챔피언 바리스타의 노하우와 팁을 전해준 오스트레일리아 멜버른 세인트 앨리 앤드 센서리 연구소의 매튜 퍼거, 커피 향미 바퀴를 제공해준 미국 노스캐롤라이나 주의 카운터컬처 커피, 커피에 대한 과학 정보 연구소의 로저 쿡, 추출 조정표를 공유해준 유럽 스페셜티 커피 협회에도 감사한다.

런던 빅토리아파크에 있는 식당 델리다운스테어스의 직원들에게 감사한다. 케이트, 엘라, 틸리 콘웨이와 딜런 켈리 모건, 레이철 킹스턴. 이들 모두는 내가 카페인을 들이부으며 책을 쓴 몇 달 동안 큰 도움을 주었다. 교정쇄 작업을 거들어주었고, 내게 커피가 아닌 다른 것을 먹이려고 애썼으며, 내가 식당 한구석에 처박혀 며칠씩 계속 키보드를 두드려대는 동안 말동무가 되어주었다.

마지막으로 가장 중요한 사람들인 내 편집자 톰 키치와 디자이너 지니 질, 일러스트레이터 샌드라 폰드와 교열 담당자 조 리처드슨, 그리고 아이비 프레스 직원들의 노고와 지원에 감사한다.

도판 저작권

INTERFOTO/Alamy: 10쪽
Library of Congress: 14쪽
Speciality Coffee Association of Europe: 100쪽
Jim Schulman of Home-Barista.com: 111쪽
Counter Culture Coffee: 114~115쪽

옮긴이 **신소희**
서울대학교 국어국문과를 졸업하고 출판 편집자 및 번역가로 일해 왔다. 옮긴 책으로《피너츠 완전판》《첫사랑은 블루》《아웃사이더》《분리된 평화》《위험한 독서의 해》《여행에 나이가 어딨어?》등이 있다.

완벽한 커피 한 잔

첫판 1쇄 펴낸날 2017년 9월 25일
      7쇄 펴낸날 2021년 6월 15일

지은이	래니 킹스턴
옮긴이	신소희
발행인	김혜경
편집인	김수진
책임편집	김교석
편집기획	조한나 이지은 유예림 유승연 임지원
디자인	한승연 성윤정
경영지원국	안정숙
마케팅	문상운 박소현
회계	임옥희 양여진 김주연
펴낸곳	(주)도서출판 푸른숲
출판등록	2003년 12월 17일 제 406-2003-000032호
주소	경기도 파주시 회동길 57- 9, 우편번호 10881
전화	031)955-1400(마케팅부), 031)955-1410(편집부)
팩스	031)955-1406(마케팅부), 031)955-1424(편집부)
홈페이지	www.prunsoop. co. kr
페이스북	www.facebook.com/prunsoop 인스타그램 @prunsoop

ⓒ 푸른숲, 2017
ISBN 979-11-5675-706-1(14590)
ISBN 979-11-5675-707-8(14590) 세트

*잘못된 책은 구입하신 서점에서 바꾸어 드립니다.
*본서의 반품 기한은 2026년 6월 30일까지 입니다.